やる気に頼らず
物事をシンプルに
とらえる43のコツ

すぐやる人の頭の使い方

How to use the brain
of a person
who acts quickly

鈴木進介

日本実業出版社

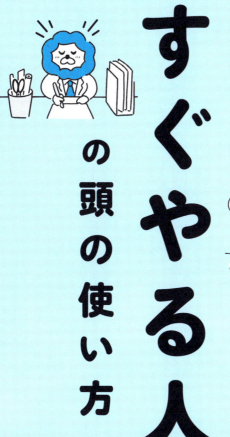

はじめに

すぐやる人になれるかどうかは
「頭の中をどれだけシンプルにできるか」
にかかっている。

本書を手に取ったあなたは、きっと忙しい中、
いつも頑張っていて、一生懸命な人だろう。

でも、わかっているのに、やるべきことにすぐ着手できない。
明日でいいやと先延ばしにしたり、
いつかやろうと言い訳をしたりの繰り返し。

そんな自分に腹を立て、がっかりしていないだろうか?
やればできるはず。でも、なかなか重い腰が上がらない。

なぜだろうか?

あれもやらなきゃ、これもやらなきゃと
やるべきことに追われ、
気づけば、あれお願い、これお願いと
頼まれ事ばかり。

何とかしなきゃと、
計画を立てたり、目標を持ったりしてみたものの
三日坊主で、気づけば元通り。

「今度こそ!」と、
モチベーションを上げる方法を調べたり、
やる気を引き出すすべを探したりしてみるけれど、
またいつも通りの日々に。

そんなとき、あなたの頭の中で何が起こっているのか?

きっと、モヤモヤとゴチャゴチャで
埋め尽くされている。

失敗への不安、
面倒くさいという気持ち、
まだ大丈夫だろうという言い訳、
周りの目に対する怖さ、
早くやらなきゃという焦り、

このような感情で、頭の中がいっぱいになっているのだ。

つまり、あなたがすぐ動けないのは

努力が足りないわけでも
モチベーションが低いわけでもない。

単に頭の中がいっぱいいっぱいになっているだけ。
それが足かせになっているだけ。

だから、すぐやることは難しくも怖くもない。
頭を整理するだけでいいのだから。

足かせを外せば、なりたい自分にすぐなれる。

でもどうやって？

すぐやる人が持つシンプルな思考法を知り、
ちょっとしたコツをつかむだけ。

本書でお伝えするのは、
学校でも会社でも教えてくれない43のコツだ。

このコツを手に入れれば、
誰でも、いつからでも、
新しい一歩が踏み出せる。

さぁ、これから43個のギフトを
自分にプレゼントしてあげよう！

すぐやる人の頭の使い方　やる気に頼らず物事をシンプルにとらえる43のコツ　もくじ

第2章 すぐやる人の「思考パターン」を自分の中にストックしよう

第3章 頑張らなくてもすぐやれる「思考ルーティン」を持とう

第4章 どうしてもすぐやれないときは「環境」を整えよう

ブックデザイン／沢田幸平　イラスト／春仲萌絵
編集協力／横山瑠美　本文DTP／一企画

プロローグ

やる気？　モチベーション？
あったらいいけど、
なくても大丈夫！

■「すぐやる」ために必要なもの

「この仕事、やりたくないなあ」
「モチベーションが上がれば、すぐ片づくのに」
「すぐやらなきゃいけないけど、何から手をつければ……」

何かを始める前に、こんなふうに気が重くなること、ありませんか？
「気が重くなるのは、やる気がないからだ」と考えて、やる気（物事に取り組むための気合いや情熱）やモチベーション（何かを始めようという意思や動機づけ）をアップさせる方法を探している人もいるかもしれません。

ですが、何かを「すぐやる」ために、やる気やモチベーションは必ずしも重要ではありません。本当に大事なことは、ほかにあります。

それは**「小さな一歩目」を見つけること**です。

「小さな一歩目」とは、**やる気やモチベーションに頼らなくても、すぐできる行動**のこと。

- **仕事をしたい→「パソコンの電源を入れる」**
- **企画書をつくりたい→「パワポを立ち上げる」**
- **ランニングをしたい→「ウェアを着る」**

矢印のあとに続くカギカッコ内の行動が、すぐにできる「小さな一歩目」です。

気乗りしなくても、何なら体調が悪くても、すぐできるようなこと。それが「小さな一歩目」です（でも、体調が悪いときにランニングはしないでくださいね）。

この「小さな一歩目」さえ見つけることができれば、すぐやる人になるのは、じつは簡単です。

では、その「小さな一歩目」をどうやって見つけたらいいのか。

それは、日頃から**「頭の中を整理してシンプルにしておく」**ことです。

本当に大事な「小さな一歩目」は、気づいてみると「なあんだ、こんなに簡単なことだったの？」と拍子抜けするようなものばかりです。一見、重要なことにはとても見えません。だからこそ、頭の中が整理された状態でないと気づきにくいのです。

整理されていない頭の中は「散らかった部屋」のようなもの。必要なモノとそうでないモノがゴチャゴチャと入り乱れて、何がどこにあるかわからない状態になっています。そんな部屋の中から、本当に大事だけれど小さなモノを探し出すのは大変です。

すぐやれない人の頭の中では、これと同じことが起こっています。だから、「小さな一歩目」を見つけやすくするために、日頃から頭の中を整理しておく必要があるのです。

私は「人や企業の思考をシンプルにし、持っている可能性を最大限に引き出す」というビジョンのもと、「思考の整理家®」として企業の人材育成をサポートしてきました。

頭の中を整理して、「小さな一歩目」を見つけやすくする。

そのことに気づいたおかげで、私自身が「すぐやれない人」から「すぐやる人」に変わることができました。この経験をもとに、頭の中を整理すること、つまり、思考を整理することの重要性と、その具体的な方法を今日まで多くの人々にお伝えし続けています。

頭の中の整理ができれば、すぐに行動を起こせる

その中でわかったことがあります。

それは、**スキルや経験値が高くて頭がいい人ほど、考えすぎや情報が「足かせ」になり、あれもこれも全部大事なように見えてしまうため、行動を起こすときに気が重くなりがち**ということです。


頭の中が整理されていないと、本当に大事なことや優先順位に気づきにくい状態が生まれます。頭の中が整理されていないと、あれもこれも、全部大事な情報に見えてしまうので、どの方法が正しいかを検討するのに時間がかかってしまい、肝心の行動がなかなか起こせなくなってしまうのです。

でも、頭の中の整理ができていれば「小さな一歩目」はすぐに見つかります。

「どれからやれば？」
「失敗するかも」
「やりたくないなあ」

そんなふうに考える隙もなく、すぐに行動を起こせるようになります。

「すぐやる人」に誰でもなれるのです。

本書では、すぐやるために大事な「小さな一歩目」を見つけ、素早く行動を起こせるようになるための43のコツを紹介します。最初から順に読んでもいいですし、パラパラとめくって気になる項目から拾い読みしてもＯＫです。

本書を手に取った時点で、あなたは「すぐやる」の一歩目を踏み出しているわけですから、どうか自信を持ってください。

第1章は、すぐやる人になるための「準備体操」です。すぐやる人の頭の使い方を知ることで、行動を起こしやすくなります。

第2章では、すぐやる人の「思考パターン」を、第3章では、すぐやる人の「思考ルーティン」を紹介します。すぐやる人の頭の使い方を具体的にお伝えしますので、日々の仕事や生活に取り入れてみてください。

第4章では、どうしてもすぐやれないときに見直してみてほしい「すぐやるための環境のつくり方」を集めてみました。思考とは少し違ったアプローチから、行動力を高める方法を紹介します。

頭の使い方さえ知れば、やる気やモチベーションに頼らず、「すぐやる人」に誰でもなれます。さあ、すぐに次のページをめくりましょう。

第1章

すぐやるための「準備体操」で頭の使い方を知ろう

やる気に頼らなくても本当にすぐやる人になれるのか？　いきなり肩に力を入れて挫折しないよう、やる気に頼らずすぐやる人のさまざまな頭の使い方を紹介していきます。準備体操のつもりで、少しずつ理解を深めていきましょう。

1

やる気に頼るのは「神頼み」と同じ

■やる気は不安定であてにならない

すぐやるための「大原則」からお伝えします。

それは、**「やる気やモチベーションは、あってもいいけれども、すぐやるための必須要素ではない」**ということです。

「やる気さえあれば、すぐできるのに……!」

一度はそう考えたことのある人が多いのではないでしょうか。かつては私もそう考えていました。

何かを始めようとしたとき、「やる気が出ない」「モチベーションが上がらない」と理由をつけて、行動を先延ばしにした結果、ますます気が重くなってしまった……。そんな経験は、誰しも一度や二度ではないはずです。

けれども、やる気というものは一定ではありません。上がることもあれば、下がることもあります。いつ上がるのか、いつ下がるのかもわかりません。「やる気さえあれば」と思った経験のある人ほど、やる気をコントロールすることの難しさを実感しているのではないでしょうか。

Message　やる気は行動してはじめて生まれてくるものである。──池谷裕二（東京大学教授）

そんな不安定なやる気に頼るのは、「苦しいときの神頼み」と同じです。うまくいかないときだけ神様に頼って救いを求めても、すぐやれるようにはならないでしょう。

■やる気は行動することで初めて生まれる

脳研究者で東京大学薬学部教授の池谷裕二《いけがやゆうじ》氏は「やる気を出すための方法を考えることほど無駄なことはない」とおっしゃっています。池谷氏によると、やる気は行動して初めて生まれてくるものなのだそうです。

たとえば、企画書のアイデアは浮かんでいなくても、パソコンに向かってとりあえず新規ファイルを開いたり、タイトルらしきものを打ち込んだりしているうちに考えがまとまっていき、気づいたら1時間経っていた──。そんな経験はありませんか?

この現象は、心理学の分野で「作業興奮」と呼ばれています。**私たちの体には、実際に手を動かすことで脳が活性化してドーパミンが分泌され、やる気が出てくる仕組みがあるのです。**

この作業興奮の仕組みをふまえれば、やる気やモチベーションをアップさせてから動こうと考えるのは順番が逆。行動が先なんだ、と気づかされます。

ごくごく小さなことでかまわないので、まず動きましょう。やる気やモチベーションは、行動の結果としてついてきます。行動することで、やる気が出てきて、さらに行動を加速させてくれるはずです。コントロールの難しいやる気を何とかするより、行動でやる気のスイッチを入れるほうが簡単ですし、理にかなっています。

プロローグで、やる気やモチベーションは必要ないとお話ししましたが、動くだけでやる気が出たり、モチベーションが上がったりするのなら、それを利用しない手はありません。やる気やモチベーションが高いときに、行動を起こしやすくなるのは確かです。動いて作業興奮を発動させましょう。

すぐやる

やる気は動くから出てくる。まず動こう。

2

すぐやれない人は「ノウハウ」を求め、すぐやる人は「マインド」から変える

すぐ動く人は「マインド」が違う

すぐやる人とやれない人の違いはどこにあるのでしょうか。すぐできない頃の私は、「すぐやる人は、きっと行動するための特別なノウハウをたくさん持っているのだろう」と考えていました。

実際、ノウハウ（知識や技術）はネットで検索すればいくらでも出てきます。それでも悩む人が多いのは、ノウハウにこだわってもすぐ行動できるようにはならないからです。

すぐやるために大切なのは、ノウハウではありません。

すぐやる人とそうでない人を分けるのは、じつは「マインド」です。

すぐやるための「土台」である「マインド」が設定されていなければ、いくらノウハウを持っていても行動に移すことはできないのです。

運動会の玉入れにたとえるなら、ものすごく小さなカゴ（マインド）の中に必死で玉（ノウハウ）を投げている状態です。

スマホも、最新の便利なアプリ（ノウハウ）をダウンロードしても、ＯＳ（マインド）が古

Message　成果を上げる者は、正しい仕事の仕方を知っているのではなく、正しい仕事の考え方を持っている。──ピーター・ドラッカー（経営学者）

いままでは、アプリは正常に動いてくれません。

人間も同じで、マインドが変わらないと、いくらノウハウがあっても動けないのです。

■やる気がないのは当たり前

では、すぐやる人になるためのマインドとは何なのでしょうか。それは、「やる気が出ないことを前提にしておく」というマインドです。

すぐやる人は、やる気やモチベーションに頼らず、ノウハウも気にせず、今、自分に何ができるのかにフォーカスします。

一方、すぐやれない人はセミナーや読書などでやり方をインプットすることにフォーカスしてしまい、一向に行動に移しません。なぜなら、インプットしている間は「目の前の行動から逃げられる」という安心感が得られますし、インプットによる知的好奇心が満たされ、あたかも自分が「できる人間」になったかのような錯覚を起こすからです。

ノウハウを追求するのは悪いことではありませんが、インプットばかりでは肝心の結果が出せません。まずはできることを探して、素早く小さく行動を始める必要があります。

以前、私の知る会社にＡさんとＢさんという対照的な営業担当者がいました。あるとき、新規開拓のプロジェクトが立ち上がり、ＡさんとＢさんも参加することになります。

Ａさんはすでに３年ほど既存顧客の営業を担当しており、丁寧で誠実な仕事ぶりが評判の人です。ただ、行動がやや遅く、ライバル企業に案件を奪われることもありました。

一方、Ｂさんは不本意な人事異動で着任したばかりの新人です。営業経験もありません。そのため、モチベーションは低く、営業ノウハウも持ち合わせていませんでした。

この２人が同じ新規開拓プロジェクトに参加したのです。Ａさんには営業経験がありますのでＢさんよりも、早く動き出すと思っていました。

ところが、先に始動したのはＢさんでした。Ｂさんのモチベーションは低かったものの、それを気にせず、インプットに時間をかけることなく、行動に移したからです。

Ｂさんはまず、同じ部署の先輩に過去の経験談を聞きに行き、営業活動に役立ちそうな最低限の知識をインプット。その後、商品カタログと提案書を準備し、１週間後、先輩に紹介された見込み客の連絡先にメールを送り始めました。その結果、数社にアポイントが取れて、商談への第一歩を踏み出すことができました。

一方で、Aさんは何をしていたか。プロジェクトがスタートすると、まずAさんは、ねらいをつけた企業の現状分析や、営業ノウハウを得るための読書のほか、トップセールスマンが講師を務めるセミナーを受講することから始めました。そこで営業計画の立て方や、セールストークなどを改めて学び直し、勉強ノートをまとめることに時間をかけていたのです。その結果、Aさんが本格的に顧客に商談のためのアポイントを取り始めたのは、プロジェクト開始から1か月後だったのです。

もちろん、念入りに準備することは大切なことですが、Aさんは経験があるため、簡単なことからでもすぐに着手できたはずです。それに対して、自信もノウハウもなかったBさんは、なぜすぐに動き出せたのでしょうか?

2人に後日談を聞いてみると、Aさんは、「納得いくまで準備を完璧にしないと、自信が持てず動けなかった」とのこと。一方のBさんは、「自信もなく不安だったけど、今すぐ自分にできることは何かを考えて、できることから手をつけてみた」とのことでした。

このAさんとBさんのエピソードは、モチベーションやノウハウに関係なく、今、自分に何ができるかにフォーカスすることの大切さを教えてくれます。

小さくてもいいから動くほうが望む未来に近づける

AさんとBさんのエピソードから、すぐ動くほうが早くゴールに近づけるということがイメージできたでしょうか。

ブログを始めたいなら、アカウントをつくる。
新NISAを始めたいなら、証券会社の口座開設ページを開いて記入事項を確認する。
英会話の表現を増やしたいなら、単語を1つずつ覚える。
読書を習慣化したいなら、今日から寝る前に1ページ読む。

こんな小さな行動なら、誰でも今すぐにできるはずです。
ノウハウを得るのはいいことです。ただし、小さくてもいいからすぐに動くほうが、早く望む未来に近づけるということを忘れないでください。

すぐやる

ノウハウは気にせず、小さくても淡々と動く。

3

「やればできる」は「今は何もしていない」と宣言しているようなもの

■「やればできる」がいつの間にか言い訳に

「やればできる」という言葉は、すぐやるという行動を邪魔してしまう言葉です。

他者からかけられる「やればできる」という言葉には励まされますが、自分自身について使うと、まったく別のニュアンスになります。

「やればできる」という言葉は、やっていない今は何も咎められない、自分の逃げ道をつくっている状態です。 本当はやりたくないけど、できたらうれしいな、という願望の表れに過ぎず、結果的にやらなかったときの言い訳を保険としてかけているだけだからです。

この考え方を変えていかなければ、すぐやる人にはなれません。

娘が受験生だったとき、なかなか勉強に身が入っていないように感じていました。そんな様子を見て、娘に声をかけると「やればできるから」といわれました。やればできるから。これは、「やればできるから今やらなくていい」といっているのと同じです。そこで私は、「今やりたくないというのはよくわかるけど、それってサボるための言い訳だよね？やればできるけれど、今やっていないから結果が出ていないんじゃない？」と話しました。正論をぶつけられた娘は、徐々に机に向かう時間が長くなり、そこから成績が少しずつ伸びていきました。

ここでお伝えしたいのは、行動していないから結果が出ていないという現実を冷静に受け止めることが重要だということです。ただし、その行動自体はちょっとしたことでかまいません。「こんな些細なことでいいのだろうか」「このやり方でいいのだろうか」などと思えてしまうことでも、動く前とは少し違う未来が必ず見えてきます。

■「やるからできる」と考えて、やるべきことをクリアにしよう

私自身の経験をお話しすると、本を出版したくて、いろいろな出版社のドアをノックしていた時期がありました。頭の中にテーマがあり、イメージも湧いていましたが、恥ずかしいことに出版企画書すら書いていませんでした。なぜ書いていなかったかというと、やり方がわからなかったし、書くのに時間がかかるし、ノウハウもないし、自信もないし、面倒くさいし……。でも、やればできるはずだから、まずはちょっと出版社に理解してほしいとか、希望だけは伝えたいという気持ちだけが先走り、出版社を訪ねていました。ですが当然、とりつく島もなく、「熱意はわかるけれど、企画書を書いてないよね？」の一言で跳ね返されていました。ようやく我に返った私は、出来のよさにこだわらず、企画書

とサンプル原稿を作成して、再度アプローチをしてみたところ、驚くほどあっさりと出版が決まったという過去があります。

このような話は、案外、身近です。「転職したい」といいながら、なかなか転職活動しない人があなたの身近にいませんか？「やればできるし（だからタイミングは今じゃない）」と言い訳して、行動することを先延ばしにしている典型例です。行動しなければ、失敗もありませんから安心できるのです。

けれども、実際にちょっとでも動いてみると、自分の市場価値が意外に低くて慌てたり、ならばどうすればいいかと考え、やるべきことが見えてきたりします。

正論を押しつけられるのは気持ちがいいものではないかもしれませんが、「やればできる」は今日から封印。「やるからできる」と言い換えて、やるべきことをクリアにしましょう。そして、小さくてもいいから始めてみることが大切です。

すぐやる

やらない言い訳を1つずつつぶしていく。

4

年間ダイエット計画より、1日1回のスクワット

頑張り屋さんほどハードルを高くしてしまう

すぐやる人は、物事をシンプルに考えています。シンプルに考えるとは、繰り返しお伝えしている通り「小さな一歩目」にフォーカスするということです。たとえば、ダイエットなら、すぐやる人は1日1回のスクワットや腹筋から始めます。それが続くようになったら、新しいメニューを追加するかもしれませんが、最初のうちはとにかく無理はしません。行動しない状態にならないことを優先しています。

一方、すぐやれない人は物事を複雑に考えます。ダイエットであれば、年間計画を立てるところから始めます。どのダイエット方法が自分に合っているか、もっと効率のいいやり方は何かと、情報をたくさん集めて検討することに時間を費やします。

こういう人は、「頑張り屋さん」であることが多いです。頑張り屋さんだからこそ、情報をたくさん集めて、失敗しない方法を追い求めます。ハードルを高く設定して、最初から大きなことをしようとしがちです。

ただ、情報をたくさん持っているがゆえに、「どれが一番正しくて、最短のやり方か？」と考え込んで、動き出すのに時間がかかってしまいます。そうしているうちに、すぐやる

Message
小さなことを積み重ねることが、とんでもないところへ行くただ1つの道だ。―イチロー（野球選手）

人は1日10回しかできなかったスクワットが、1日50回できるようになっている、ということが起こるのです。

■頭の中を整理するために書き出してみよう

では、「小さな一歩目」を見つけるにはどうすればいいのでしょうか。答えは、すでにプロローグでお伝えしていますから、もうおわかりですね。そう、頭の中を整理することです。

頭の中だけで思考を整理するのは難しいものです。殴り書きでかまわないので、見える化してみましょう。手書きでもメモアプリでもいいですし、エクセルが好きならエクセルでも問題ありません。大事なのは、頭の中を「見える化」して整理することです。

すぐやれない人は、頭の中だけで何もかも解決しようとしがちです。**頭の中のごちゃごちゃを書き出して見える化すれば、整理がしやすくなり、やるべき行動が見えてくるので動きやすくなります。**

研修の場でもこの話をするのですが、「こんなに簡単なことでよかったんですね！」とみなさん驚くとともに、効果を実感しているようです。

■ 一番重要かつ簡単な作業から手をつける

書き出すときには、「今の自分にとって何が一番重要か。その中で一番簡単な作業は何か」を考えるとよいでしょう。そして、簡単な作業が見つかったらすぐ手をつけましょう。ランニングを始めるなら「とりあえずウェアを着る」、お弁当をつくらなければならないのなら「冷凍庫の肉を取り出して解凍する」。それくらいの簡単なことで十分です。

人はかかったお金や時間、労力をもったいないと感じるため、一度始めたことをやめて損することは避けたいと考えます。これを「サンクコスト効果」と呼びます。

このサンクコスト効果を利用すると、ゴールに近づきやすくなります。小さなことでも動き始めれば、元を取りたくなるので行動は加速していくでしょう。

すぐやる

頭を整理して、一番重要かつ簡単な作業に集中する。

5

効率がいいのは「マルチタスク」より「シングルタスク」

壮大な計画を立てたときほど挫折しやすい

何かを始めるとき、複数のことを同時に頑張ると挫折しやすくなります。これまで私が思考の整理をお手伝いしてきた経験からいえば、やる気のある人、モチベーションの高い人ほどそうなりやすいようです。張りきっていろいろなことに同時に手をつけ始めて続かなくなり、すべてが中途半端になってしまうのです。

仕事で必要に迫られて英語を勉強しなければならなくなった人がいました。その人は、出社前に毎日単語を10個ずつ覚えて、通勤時は電車内でＴＯＥＩＣのヒアリング対策。仕事帰りには英会話学校に通い、帰宅後は英作文を始めました。ところが、三日坊主どころか、２日で挫折してしまったそうです。この話だけ聞くと「いっぺんに始めるからだよ」と笑うかもしれません。けれども、これはよくあるケースです。

人は計画を立てるとき、必要な時間や労力を過少評価する傾向があります。**これは「計画錯誤」という認知バイアスです。**壮大な計画を立てたあとほど、気持ちが高まって、すべてを同時並行で始めてしまい、行き詰まって挫折してしまうのはこのためです。

さらに、計画を立てたあとは、道筋が見えたことで「できそうだ」と感じる楽観バイア

Message　多くのことをなす近道は、一度に1つのことだけすること。──モーツァルト（作曲家）

スもかかります。そのため、新年の計画を立てただけで達成感を得てしまい、何も行動を起こさないまま次の年を迎えてしまう、ということが起こるのです。

新しいことを始めるときは、あれもこれもと手をつけず、一番大事なことを1つだけ見極めて手をつけましょう。一度にいろいろ手をつけてやめるより、「こんな簡単なことでいいの？」と思うような小さなことを1つ続けたほうが大きな成果につながります。

「1年で100万円貯める！」と意気込んで貯金を始めたけれど3か月で続かなくなるより、毎日100円だけ貯金箱に入れ続けることを何十年も続けたほうがお金が貯まります。英単語も1日10個覚えようとしてすぐ挫折するよりは、1日1個を確実に覚えていけば、1年経ったころには365個の新しい英単語が身についています。いろいろ始めてやめてしまうより、続けることを優先しましょう。

■マルチタスクはかえって効率が悪い

一時はもてはやされたマルチタスクですが、今ではさまざまなデメリットがあることがわかってきています。マサチューセッツ工科大学の神経学者、アール・ミラー氏はこういっています。
「私たちの脳はマルチタスクには適していません。人々がマルチタスクをしていると思っているとき、実際には非常に迅速に1つのタスクから別のタスクへと切り替えているだけです。そして、そのたびに認知的なコストが発生します」（英ガーディアン紙）

その発言を裏づけるかのように、マルチタスクはシングルタスクより時間がかかる、脳に負担をかけている、燃え尽き症候群を誘発する、などといったさまざまなデメリットも指摘されています。

一度にいろいろ手をつけるのは無理なのだと割り切って、毎日続けても負担にならない小さなことをまず1週間続けてみてください。小さなことだともっとやりたくなるかもしれませんが、そこはグッと我慢して、とにかく淡々と。やることの大きさや数の多さより、無理なく続けることを目標にしましょう。

すぐやる

あれもこれもと手をつけず、小さな1つに集中する。

6

急な仕事の依頼があったら、二つ返事せず「ネゴる」

■二つ返事で何でもかんでも引き受けない

人から何かを頼まれたときに、断れない人は多いでしょう。ですが、すぐやる人ほど自分の中の優先順位が明確にあるため、その頼み事がどういうものかを確認して、業務範囲や締め切りの交渉をします。無理と判断すれば、断ることもためらいません。

しかし、すぐやれない人の多くには、まず「ネゴる（交渉する）」、無理なら「断る」という発想自体がありません。次々と寄せられる頼み事を片っ端から引き受けて、元々あったタスクの優先順位を自ら乱してしまいます。その結果、自分が本来やるべきことを後回しにして後悔するのです。真面目な人ほど他人に忖度しすぎて安請け合いしてしまい、自分の首を絞めている様子をよく見ます。

もちろん、取引先や上司から急に振られた仕事をいきなり断るのは難しいでしょう。仕事ですから、急でも対応しなければならないケースはどうしてもあります。ただ、内容を確認して、仕事の進め方や締め切りについて交渉することはできるはずです。

その仕事はなぜ必要か。なぜ自分でなければならないのか。いつまでに必要か。これらを確認して、場合によっては締め切りを延ばしてもらったり、仕事の一部を別の人に代わってもらったりすることは、それほど難しくないケースが多いものです。

Message 本当に重要なことに集中する唯一の方法は「ノー」ということだ。──スティーブ・ジョブズ（Apple創業者）

また、取引先や上司から「これ、急ぎでお願い！」といわれて、必死でその日のうちに終わらせたのに、「もうできたの？　明日でもよかったのに」といわれたという話もよく聞きます。状況を正しく把握するためにも、頼まれ事を二つ返事で引き受けるのはおすすめできません。

■「あの人」も自分に対してネゴっていた

ここまでは、「対他人」の話でしたが、ここからは「対自分」の話です。

作家の三島由紀夫は、どんなに飲み会で盛り上がっても締め切りを守るために午後10時には席を立ったといいます。ストイックになりすぎるのもよくありませんが、三島は自分に対してネゴり、「どんなに楽しくても午後10時まで」という譲れない一線を決めていたのでしょう。この考え方に学ぶところはたくさんあります。

自分にとって本当に大事なことに集中したいなら、他人に対しても自分に対しても「まずネゴる」、場合によっては「断る」、がすぐやる人の頭の使い方です。

予定を立てるときにもこの思考は有効です。

他人の予定を優先して、余ったところに自分の目標達成のための予定を入れていたのでは、いつまでたっても自分の時間ができません。カレンダーには自分の予定をまず書き込んで、その時間はブロックします。ほかの予定は空いているところにしか入れないようにしましょう。

自分で決めたことを優先して、それ以外は後回し。忖度しすぎる真面目な人、優しい人が多いので、案外それくらいの気持ちでちょうどよいかもしれません。

すぐやる

二つ返事せず、優先順位を見極める。

7

起こるかどうかわからないこと＝放っておいていいこと

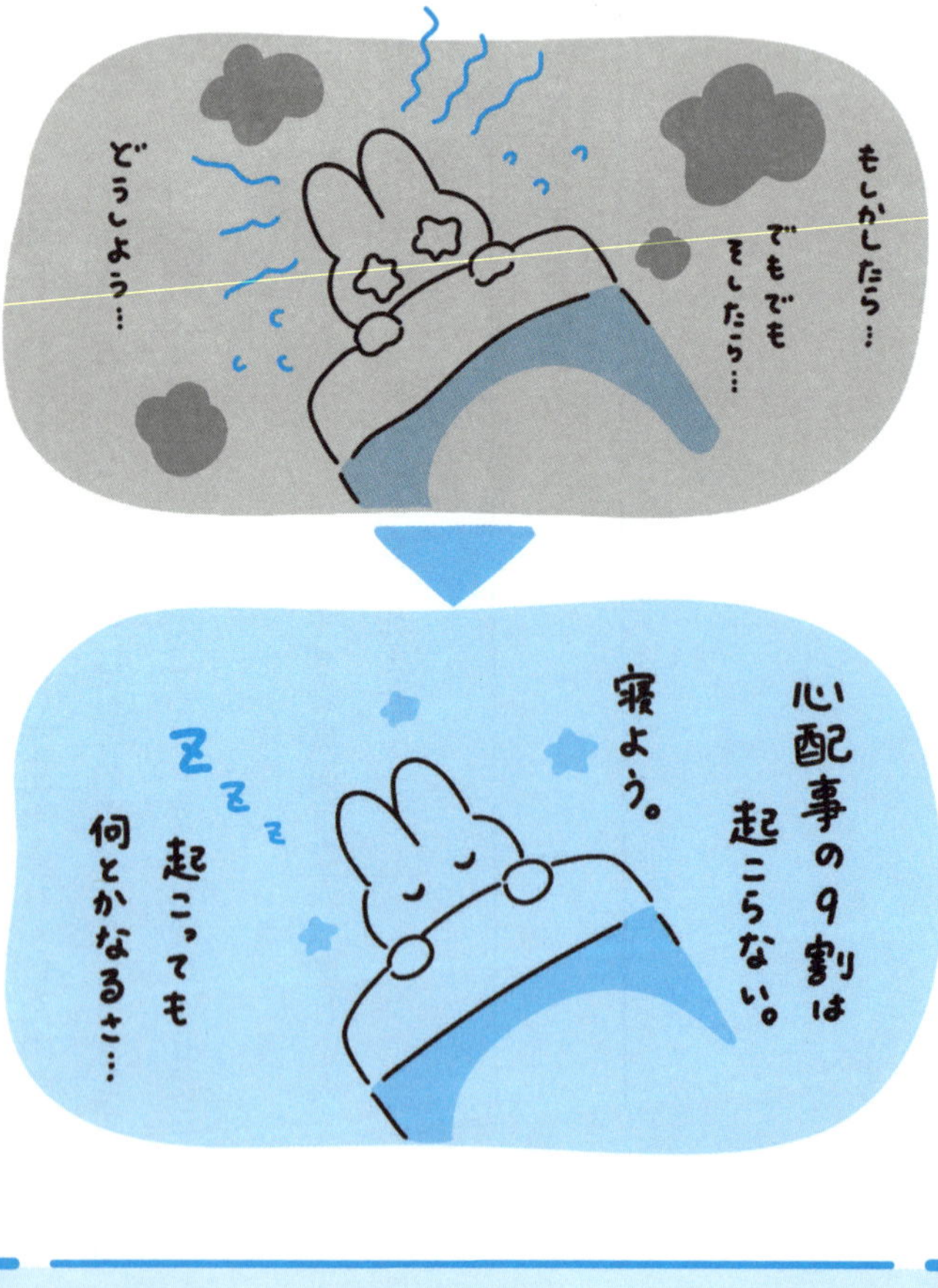

人間だからある程度ネガティブに考えるのは仕方がない

人は未来を想像する力を持つ生き物です。

しかし、その想像が行きすぎてしまうと「心配事」が絶えず、身動きがとれなくなってしまいます。中には、失敗したらどうしようという不安で頭がいっぱいになり、行動が起こせなくなってしまう人もいるでしょう。

起業したいけれども、このビジネスモデルでうまくいくだろうか。

新プロジェクトに参加したいけれども、優秀なメンバーの中で迷惑をかけるかも。

転職したいけれども、新しい職場で活躍できないかも。

マラソン大会に出てみたいけれども、途中棄権して恥をかくかも。

このように、何か行動を起こすときに心配はつきものです。

人間には危険を回避して生存するためのメカニズムとして、**ポジティブな情報よりもネガティブな情報に強く反応し、それが記憶にも残る「ネガティビティ・バイアス」が備わっています。**

Message 90％の心配事は実際には起きない。―デール・カーネギー（作家・企業トレーナー）

ある程度ネガティブに考えてしまうことは、人間なら仕方のないことなのです。

「心配事の9割は起きない」から気持ちをラクに

ただ、心配事のほとんどは実際には起こらないともいわれています。

ペンシルバニア大学のトーマス・ボルコヴェック氏らの研究によると、心配事の79%は実際には起こらず、しかも、残りの21%の心配事のうちの16%は事前に準備をしていれば対応可能であるという結果が出ています。

つまり、心配事に対する準備さえしておけば、心配事が現実になる確率は5%ということです。言い方を換えれば、心配事のうちの95%は現実にはならないともいえます。

しかも、この5%は、地震が起きて商品の出荷が止まってしまうなど、自分ではコントロールの及ばないことがほとんどだといいます。ならば、自分ではどうにもできないことを過剰に心配して準備や計画にこだわりすぎるより、最低限の準備だけをして、すぐに動き出したほうがいいといえるでしょう。

心配事の9割は起きない。

この事実を知っておくだけで、動き出すときに、かなり気持ちがラクになるのではないでしょうか。起こるかどうかわからないことは、放っておいてもいいことだと割り切ってしまいましょう。

割り切ってすぐに動けば、その分、早く結果がわかり、時間の余裕が生まれます。仮にうまくいかなかったとしても、軌道修正してやり直すための時間的な余裕や精神的ゆとりが確保できます。

取り越し苦労はやめて、最低限の準備だけをして、サッと動きましょう。大丈夫。きっとよい方向に進みますよ。

すぐやる

心配事の9割は起きない。最低限の準備でサッと動く。

8

リスクは失敗に
近づくものではなく
リターンへのジャンプ台

人は損失を回避するほうに偏りがち

達成したい目標があるときは、いかに「リスク」から「リターン」に目を向けるかが重要です。リスクばかりに目を向けていると、そもそも動き出すことすらできず、結果として機会ロスにつながることばかりが増えていきます。

人は利益を得る喜びよりも損失を被る苦痛を強く感じるため、利益を得るリスクを冒すよりも、損失を回避する意思決定を優先するといわれており、これは「プロスペクト理論」と呼ばれています。もともとそのような傾向が備わっているのなら、リターンに目を向けるのは難しいと思うかもしれません。

それでも、「人の思考は損失を回避するほうに偏りがち」という思考のクセを知って意識することで、ある程度リスク偏重の思考を修正することはできます。

52ページで、心配事の9割は起きないという話を紹介しました。目標があるのなら、リスクにばかり目を向けず、リターンにも目を向けてみましょう。

Message 成功するためには、リスクよりもリターンに目を向けるべきだ。──リチャード・ブランソン（実業家）

■リスクばかりに目を向けていないかをチェック

たとえば、体調不良をきっかけに健康を意識し始めて、運動不足が気になるようになったとします。今はYouTubeなどでトレーニング方法がいくらでも紹介されているので、お金をかけずに実践することができるでしょう。けれども、独学で正しいフォームや自分に合ったトレーニング方法を習得するのには時間がかかりますし、間違った方法でトレーニングをすることによる怪我のリスクもあります。

一方で、思いきって月10万円を支払って、パーソナルトレーナーを頼むとどうなるでしょうか。短期間で効率的に結果が出るようにサポートしてくれるはずです。最適なプランを提示してくれて、リアルタイムでフィードバックもしてくれます。怠けグセがある人でも、高額な費用を払っていると思うと、それが強制力になり、続けられるかもしれません。

10万円を払うというのは、リスクに感じるかもしれませんが、結果的にはこの投資が健康への近道になる可能性が高いということが、想像できるのではないでしょうか。

すぐやることがなかなかできない、と感じるときは、自分の思考がリスクにばかり偏りすぎていないか、一度、頭の中を整理してチェックしてみることをおすすめします。

リスクとリターンの両方を紙やメモアプリを使って書き出してみましょう。書き出したリスクとリターンの数を比べると、自分がリスクとリターンのどちらに偏っているかがわかるはずです。

私はあるとき、「大変は大きく変わる（成長する）ときだよ」と尊敬する経営者にいわれたことがきっかけで、リスクばかりに目を向けていた自分に気づきました。そこでリターンに目を向けることを意識し、躊躇していた施策を思いきって実行しました。リスクには目をつぶったのです。結果は大成功。業績をV字回復させることができました。

リスクは失敗を確定するものではなく、リターンを得るためのジャンプ台。そんなふうにとらえてみるのもいいかもしれません。

すぐやる

動き出すときは意識してリターンに目を向ける。

9

「思い立ったが吉日」精神でとりあえず動く

中年以上で起業する人が多いのは世界も日本も同じ

偉業を成し遂げる人は、若いときのひらめきを長年大事に育ててきた、すごい人――。

私は長い間そんなふうに思っていました。

ところがあるとき、それは間違いだとわかりました。世界的に有名な企業の創業者が何歳のときに起業したかを調べてみたところ、中年以上が意外と多いことに気づいたのです。

ウォルマート創業者のサム・ウォルトンは、44歳で最初の店をオープンしています。

アディダスの創業者であるアドルフ・ダスラーは49歳で起業。

ポルシェを創業したフェルディナンド・ポルシェが自身の設計事務所を立ち上げて顧客からの依頼で車の設計を始めたのは55歳。

ケンタッキーフライドチキン（ＫＦＣ）を創業したカーネル・サンダースがＫＦＣを正式に立ち上げたのは、なんと65歳のときです。

日本でも、40代以上の起業家が若年層よりも多いというデータがあります。日本政策金融公庫の２０２４年度新規開業実態調査によると、開業時の年齢が40代の起業者は全体の37・４％を占め、全年代の中でもっとも高い割合となっています。対して、20代の起業者

Message　あなたが年を取ったからといって、何かを始めるのに遅すぎることはない。―ジョージ・エリオット（小説家）

は全体の6・9％に留まっています。
また、2019年度の同じ調査では起業者の平均年齢は43・5歳でした。ちなみに、トヨタの創業者である豊田喜一郎がトヨタ自動車工業を設立したのは43歳のときです。

年齢を言い訳にしなければ新しいキャリアが拓ける

何かを始めるときに、年齢を理由にためらう人は少なくありません。特に日本では「いい年をして」「その歳で?」「年甲斐もなく」といった年齢に基づく固定観念が根強くあります。

私が若いときには、「35歳を超えたら転職が極端に難しくなる」という35歳限界説がまことしやかに語られていました。しかし、今ではそんなことをいう人はほとんどいません。年齢に関係なく新しいことに挑戦するのが当たり前の社会になっています。

年齢を重ねると、若いときと比べて確かに体力は落ちるでしょう。一方、経験や人脈といった強みは、若い人より豊富だったりします。つまり、年齢は関係ないのです。

大切なのは年齢を動かない理由にせず、これまで培った力をどう活用するかを考えて動くことです。

実際、年齢による思い込みを捨てて行動した人たちは、新しいキャリアを手に入れています。その1人は私の知人で、かつて居酒屋の店長だった方です。彼は40歳を過ぎてから、「一度はスーツを着て働いてみたい」と思い、転職を決意しました。そして、店長として培ったコミュニケーション能力や問題解決力が評価され、営業職に転身。今ではトップセールスマンとして成功しています。転職活動を始める前は、まさか自分に営業職の適性があるとは思っていなかったそうです。けれども、「行動したらうまくいった。年齢を理由にあきらめていたら、今のキャリアはなかった」と話してくれました。

「若すぎるから無理」と考えるのも、同じく言い訳に過ぎません。オリンピック金メダリストとなったスケートボードの西矢椛選手は当時13歳。SNSを活用して今や世界からも注目を集める歌手のAdoさんも、メジャーデビューを果たしたときは17歳でした。

年齢を言い訳にしても、自分の可能性を狭めるだけです。「思い立ったが吉日」の精神で年齢に縛られずに動く人が、結果を得られるのです。

すぐやる

年齢を言い訳にせず、思い立った日に動く。

10

新年の目標を手帳に書いたその日にワンアクション起こせるかどうかが重要

今年の目標→
掃除頑張る
目標を書いたその日に、ワンアクション
ちょっと拭く。

1月2週目までに約8割の人が新年の目標を忘れている

新しい年を迎えるとどうしてこんなにすがすがしいんだろう、といつも思います。年明けの空気の中にいると、心機一転、新しいことに挑戦したくなるものです。毎年、お正月休みに新年の目標を考えて、手帳などに書く習慣を持つ人も多いでしょう。

ただ、その目標を絶えず念頭に置き、1年間行動し続けられる人はどのくらいいるでしょうか？　一説によると、1月の2週目までに約8割の人が目標を忘れ、2月の2週目までにはあきらめるといわれています。

なぜこのようなことが起こってしまうのか。それは多くの人が決意や覚悟を固めたり、手帳やノートに目標をきれいにまとめたりすることに一生懸命になってしまうあまり、もっとも重要な「達成するための一歩目」を決めていないからです。

目標は重要です。それを手帳やノートにきれいにまとめることも悪いことではありません。けれども、それ以上に大切なのが、目標を達成するための**「具体的な最初の行動」**を

Message　未来は、あなたが今日、何をするかにかかっています。──マハトマ・ガンジー（宗教家・政治指導者）

明確に決めておくこと。そして、それをすぐさま行動に移すことです。

■目標とセットで「最初の行動」まで決めておく

目標を決めるときには、その達成につながる「最初の行動」もセットで決めましょう。「最初の行動」は、やる気や気合いが必要ないほど簡単にできるアクションがおすすめです。目標と最初の行動を考えた「その日」に動ければベストです。行動に移すと、次に何をすればよいかも、おのずと見えてくるはずです。

目標とセットで最初の行動を考えてすぐに実行に移すことは、個人の目標達成だけでなく、ビジネスの場面でも極めて重要です。

経営層や各部門の責任者が集まり、熱のこもった議論が交わされます。「今年こそ、顧客満足度を大幅に向上させよう！」という目標が決まりました。会議室はポジティブな雰囲気に包まれ、参加者はみな満足気です。

しかし、そこで満足してしまい、具体的に何をどう進めるかというアクションプランが決まらないまま会議がお開きになるのです。このままだと次の会議までに、誰も何もしないことになってしまいます。

　これまで私は多くの企業と関わる中で、このような会議を何度も目にしてきました。

　目標を立てることは大事ですが、それだけでは行動できず、ゴールには一歩も近づきません。目標が決まったら、その場で最初のアクションを決める。それを、できるだけすぐに行動に移す。そうしなければ意味がないのです。

　すぐやるためにも、目標とセットで最初の行動をできるだけ具体的、かつ、小さなものを考えてみてください。

すぐやる

目標と最初の行動をセットで決めて、その日のうちに動く。

11

せっかくねらうなら「金メダル」よりも「自己ベスト」

他人と比べてもいいことはほとんどない

他人と自分を比較するのは無意味――。そう頭ではわかっていても比べずにはいられない。私たちにはそんなところがあります。

けれども、他人と自分を比べてばかりいると、焦り、不安、嫉妬が生まれ、せっかく見つけた「小さな一歩目」も「こんな小さなことでいいのか」と取るに足りないアクションに見えてしまいがちです。他人と自分を比較して「もっと頑張ろう」と思える人はいいですが、たいていの人にとっては他人と比べてもいいことはほとんどないでしょう。

アマゾンの創業者であるジェフ・ベゾス氏の言葉に「成功の秘訣は他者の動向に気を取られないこと」というものがあります。ベゾス氏がいっているのは企業間の競争のことですが、これは個人にも通じる言葉だと私は考えています。他人を気にしてばかりいると、自分らしさを失い、人に合わせた無難な行動に落ち着きがちだからです。同じ比べるなら、**他人ではなく、昨日の自分からどれだけ前進したか、という視点で比べたいものです。**

Message

金メダルも世界記録もすごいと思いません。それより目標を達成した喜びが大きいです。―高橋尚子（シドニーオリンピック女子マラソン金メダリスト）

目標や価値観を明確にして「自分の軸」をつくる

とはいえ、他人を気にするなといわれても気にしてしまうのが私たち人間です。「どうすれば自分のすべきことに集中できるの？」それこそがあなたの一番知りたいことでしょう。

私がおすすめしたいのは、自分の目標や価値観を明確に言語化することです。他人の成功が気になるのは、その人の基準や価値観で物事を見ているから。つまり、自分の軸が定まっていないからです。自分の軸があれば他人のことは気にならなくなります。一度、自分が「何を大事にしているのか」「何を目指しているのか」を言葉にしてみましょう。

たとえば、今、あなたは自分より高収入の友人のことが気になっているとします。友人と自分の能力にそれほど大きな差があるとも思えない。それなのにこんなに収入が違うのはなぜ？　考えれば考えるほど劣等感が襲ってきます。

そんなときは、自分が仕事において何を大事にしているのか、何を目指しているのかを言葉にしてみてください。心の中で思い浮かべてもいいですし、書いてもかまいません。

友人は高収入ですが、激務です。一方、あなたの収入はそれほど高くありませんが、今の仕事が好きで満足しています。生活には困っていませんし、自分の時間もしっかり取れます。お金があっても、嫌な仕事はしたくない、自分の時間で好きなことをしたい、それ

が自分の幸せであり、目指す姿だと気づいたら、友人と比べることはなくなるはずです。仕事や自分の時間を楽しむための行動に集中できるようになります。

「昨日の自分」と比べる習慣をつけるのもよいでしょう。日記やメモアプリに、今日できたことを記録します。といっても、「早起きした」「本を3ページ読めた」といった小さな進歩でかまいません。大事なのは、昨日の自分より1ミリでも前進できたか、です。

SNSで他人の「キラキラ投稿」を見て、「自分もああならなきゃ」と無意識に影響されている人もいるかもしれません。そのような場合は、見る時間を制限したり、フォローする人を厳選したりしてみてください。雑念に邪魔されず、自分が集中したいことに使う時間が生まれます。

人生の主役が「自分」であることは間違いありません。せっかく生きるなら、誰かのストーリーではなく、自分のストーリーを生きたいものです。

すぐやる

目標や価値観を言語化してみる。

12

「たたき台です」というだけで、動く不安はぐっと減る

完璧を目指すと動けなくなる

「企画書を提出してといわれるたびに胃が痛くなるんです」

そう話してくれたのは、知り合いの女性です。彼女は、責任感が人一倍強い人で、「完璧な企画書を出さなければ」と考えるあまり、毎回の企画書提出時にプレッシャーに押しつぶされそうになっていました。

でも、あるとき、彼女が笑顔で話しかけてきてくれました。ある日、上司から「たたき台で大丈夫だからね」といわれて、肩の力が抜けたのだそうです。「たたき台という言葉だけで、こんなにとらえ方が変わるなんて。楽しみながら書けるようになりましたし、すぐ提出できました」と、教えてくれました。

「たたき台」という言葉は、すぐ動けない不安を軽くしてくれる「魔法のスイッチ」です。なぜなら、失敗を恐れる気持ちや羞恥心を和らげてくれるからです。

「完璧にしないと」と気負いすぎると、ストレスやプレッシャーがかかりますし、最初のアクションを起こすのが怖くなります。最初のアクションがあまりにも遅れたことで期限をオーバーしてしまい、完璧なものを出すどころか、かえって周囲やチームメンバーに迷

Message　失敗というのは幻想に過ぎない。あるのは行動を起こしたという結果だけだ。―アンソニー・ロビンズ（作家）

惑をかけてしまうかもしれません。そうなれば、ますますその仕事に対する苦手意識が芽生えて、手をつけるのが怖くなってしまいます。

1人で抱え込んで出来がイマイチなものを出してしまったり、締め切りに遅れたりしては本末転倒です。それよりも**すぐに動いて、完成度6割のたたき台を出し、そこから8割、9割に持っていくことが大切です。**周囲のフィードバックをもらいながら改善を重ねたほうが、結果的に精度の高い仕事になりますし、完成までのスピードを上げられます。そのときに便利なのが、「たたき台」というワードなのです。

「ラフ案ですけど」「仮ですけど」といった言葉も、動き出す不安を軽くしてくれる魔法のスイッチです。積極的に使うことで、取りかかるハードルが下がります。

「たたき台なんですけど、この方向性で合ってますか？」と早めに聞いてもらえたほうが相手も安心しますし、気軽に意見をいってくれるはずです。

■「仮」と思えば始めるハードルはグッと下がる

「たたき台」や「仮」の考え方は、いろいろな場面で使えます。まったく経験のないス

ポーツや趣味に挑戦するときは「うまくできなくて恥をかくかも」という不安がつきまといますが、1回限りの見学会や体験会など、「仮の機会」を活用すれば心理的なハードルが下がります。移住も「仮移住のつもりで1週間泊まってみる」と考えると、判断の材料が増えて、次の行動に移りやすくなるでしょう。

起業やフリーランスとして独立することにも、収入の不安定さ、失敗への恐れといった不安がつきまといますが、「仮に副業でやってみる」「仮に1年やってダメなら会社員に戻る」というスタンスで臨めばハードルが下がります。

メタ社の創業者でフェイスブックを開発したマーク・ザッカーバーグ氏の有名な言葉に「完璧を目指すより、まずは終わらせろ」というものもあります。製造現場や経理のように完璧さが求められる仕事は別ですが、最初から完璧を目指すことが求められていない仕事は、たくさんあるものです。気楽にいきましょう。

すぐやる

「仮」のスタンスで、すぐ着手する。

第2章

すぐやる人の「思考パターン」を自分の中にストックしよう

はじめの一歩目が踏み出せるようになっても、一過性で終わってしまうことは避けたいものです。すぐやる人は、どのような思考パターンを持っているかを知り、いつでも状況や感情に振り回されず、動き出すためのコツを解説していきます。

13

「どうなりたいか」という ゴールのイメージを 整理する

目的が明確でないから最初のアクションもあいまいになる

目標を立てたのに、なかなか行動に移せない——。そんなときは、目標達成の「目的」が明確か、チェックしてみることをおすすめします。

似た言葉で混乱するかもしれませんが、「目標」とはゴールに向けての指標で、「目的」とは最終的に成し遂げたい事柄を指します。「何のためにやるのか」という「目的」が明確でないと、行動に移す意味を実感できず、結局やらないままになってしまうからです。

たとえば、「英語をしゃべれるようになりたい」という目標はよくありますが、その先にある「何のためにやるのか」という目的は明確になっているでしょうか。ビジネスシーンで話せるようになりたいのか、留学したいと考えているのか、はたまた街中で困っている外国人観光客を助けたいのか……。

何のために英語を学びたいのか、その目的が明確になっていなければ、どのような勉強から始めたらいいのかもわからず、行動する意味もわからないので、すぐやることからほど遠い状態になってしまいます。最悪の場合、何も行動しないままになってしまうのです。

私のもとには「年収を上げたい」という相談もよく寄せられます。「何のために？」と聞くと、「お金があればいろいろなことができるから」という、目的の解像度が低い返答

Message
1番大切なのはロマンを抱くこと。2番目に大切なのがビジョンを持つことです。—似鳥昭雄（ニトリ創業者）

が非常に多いです。目的があいまいだと、何から始めるべきかがはっきりしませんし、やる意味がわからないので、先延ばしの原因にもなってしまいます。

■目的が明確であればあるほど行動しやすくなる

目標を立てるときには、「目的」までセットで考えるのが成功のコツです。何のためにその目標達成が必要かを自問自答してみてください。

たとえば、「TOEICで800点を取る」という目標を掲げたとしたら、「なぜその点数が必要なのか?」を問いかけ、自分なりの目的を見つけることが大切です。「海外勤務を目指したい」「外国人の同僚とスムーズにコミュニケーションを取れるようになりたい」といった明確な目的があると、立てた目標に向けて行動する意識が高まります。

「年収を1000万円にしたい」という目標なら、「1000万円にして何をしたいのか。自分がどのような状態になりたいのか」をイメージしましょう。

私たちはせっかく目標を立てても、それを動機づける目的を考えることを忘れがちです。けれども、目的を明確にすることで、目標は単なる数字やタスクから「自分が本当に達成したいこと」へと変わりますから、行動にエンジンがかかるのです。

目的が叶ったときの状況までイメージする

その目標を達成して目的が叶ったとき、自分がどのような気持ちになるのかまでイメージすると、なおよいでしょう。こうすると、ポジティブな感情を先取りして味わうことで、ドーパミンが分泌され、さらに行動に弾みをつけることができます。

私はかつてダイエットに挑戦したとき、「3キロ痩せる」という目標を立て、「お腹がぽっこりと出ている状態を解消するため」という目的も決めました。ただ、さらに行動に弾みをつけたいと思い、「娘の友人から『イケオジ』と呼ばれ、娘も鼻が高い」という状況までイメージしました。そうして、好物のアイスクリームを断って体を絞ることができたのです。実際、参観日で私を見かけた娘のクラスメイトが「イケオジがいる!」といってくれたと聞いたときは、最高にうれしかったです。

すぐやる

目標を立てるときは、目的まで考える。

14

ときにはハッピーな妄想で頭の中を満たして楽しむ

行動の先の「ポジティブな未来」に目を向ける

ここまで、最初の行動を明確にする大切さについて説明してきました。ただ、私たちは日々体調が変わり、テンションも一定ではありません。毎日の仕事などで忙しく、「取るべき行動はわかっていても動けない」という場合もあるでしょう。「失敗したらどうしよう」「面倒くさい」といったネガティブな気持ちが起こることもあるかもしれません。

しかも、人はポジティブな情報より、ネガティブな情報に目が向いてしまう傾向があります（51ページ参照）。私たちは得られる利益よりも損失の苦痛を強く感じてしまうのです。

けれども、何かするときにデメリットばかりに目を向けていては行動を起こせません。メリットにも目を向けることを意識する必要があります。行動の先にどんなポジティブな未来が待っているのかを想像するほうに頭を使うのです。

「バタフライエフェクト」という言葉を聞いたことがありますか？　もともとは物理学の用語ですが、今では小さく些細な行動が、やがて予想もしなかった大きな結果につながる様子を表す言葉として使われることがあります。「風が吹けば桶屋が儲かる」に似た言葉といってもよいでしょう。

Message
あなたにできること、あるいはできると夢見ていることがあれば、今すぐ始めなさい。向こう見ずは天才であり、力であり、魔法です。さあ、今すぐ始めなさい。――ゲーテ（詩人）

すぐやることに対する不安が強いときは、このバタフライエフェクトを妄想してみてください。**行動を起こすことでポジティブな波及効果があるかもしれないと考えると、不安な行動が楽しみに変わる可能性があります。** 妄想なら、いくらしても人に知られる心配はありませんから、それで行動しやすくなるなら、試してみない手はありません。

■自分の妄想を越える未来が待っているかもしれない

実際、妄想で頭をいっぱいにして気持ちが盛り上がって行動した結果、思わぬ未来を手にした人もいます。

ブログやSNSで趣味の料理の投稿を始めたら、ある企業の目に留まり、講演依頼やコラボレーションの提案があるかも、本も出せるかも、と考えたら楽しくなって、すぐブログを始めた人がいます。そのときは妄想を楽しむだけでしたが、3年後に本当にブログが出版社の目に留まり、レシピ本の出版依頼まできたのです。今では企業とコラボして食品の共同開発をしたり、テレビの料理番組にも登場するなど、本人が想像もしなかった範囲にまで活動が広がっています。

やりたいことがあるなら、前向きな妄想をエンジンにしてすぐに行動してみましょう。

毎朝のウォーキングを続けていたら、斬新なアイデアを思いつき、そのアイデアを形にした製品が特許を取得。会社の売り上げを大きく伸ばすことにつながる。そんなことも絶対にないとはいえません。

30分だけ早起きして瞑想や自分のタスク整理に時間を使うようにしたところ、精神面が安定して仕事で結果を出すことができ、昇進につながることも考えられます。

地域の清掃活動や子どもの学習支援などのボランティア活動に思いきって参加したことで、同じ価値観を持つ人との出会いがあり、その人の紹介で自分の強みをより活かせる転職先を見つけることにつながるかもしれません。

イメージするなら悲観的な未来ではなく、ポジティブな未来をイメージして一歩を踏み出してみましょう。それによって日常が劇的に変化する可能性がないとはいえません。ひょっとしたら自分の妄想を越えるような結果が待っている可能性だってあるのです。

すぐやる

ポジティブな妄想で行動のエンジンをかける。

15
頭の中が
モヤモヤし始めたら
すぐに吐き出す

ジャーナリングで頭の中を整理する

繰り返しになりますが、すぐやるためには、「最初の一歩目」が決まっていないと動けません。けれども、頭の中が混乱していると優先順位があいまいなので、何をすればいいかがわからなくなります。「最初に何をすればいいんだっけ？」と考えても、堂々めぐりになりがちです。

さらに困ったことに、私たちはやらなければいけない仕事や作業でも忘れてしまう場合があります。すると、結果として、ますます動き出せないという状態に陥ってしまいます。

多くの人は、頭の中だけで膨大なタスクを整理するのは難しいでしょう。頭の中が混乱していてもそうでなくても、日々「書き出す」ことを習慣化しておくとスッキリします。頭の中にあることが可視化されるだけで、不安や混乱が解消されるのです。

考えていることを書き出すことは、ジャーナリングと呼ばれ、「書く瞑想」ともいわれています。頭の中にあるごちゃごちゃしたものを書き出すだけで、その行為そのものが心を落ち着かせてくれて、頭のスッキリ感が得られます。

Message 書くことは、頭と心の中にあるものを整理する最良の方法だ。――ヘミングウェイ（小説家）

また、書き出すことによって頭の中にある漠然とした考えや不安、悩みが「見える化」されるため、客観視しやすくなります。紙やスマホ画面の文字を見ていると、あたかも第三者が書いたような錯覚状態になるため、冷静に俯瞰することができるのです。すると、悩んでいたことが「じつは大した問題じゃなかった」「思っていたよりすぐできそうだ」と気づくこともあるのです。

■ 手書きでもいいし、スマホのメモアプリでもいい

ジャーナリングやその効果を知っている人は多くても、やっていない人が多いと感じます。理由は簡単で、面倒だと思われるからです。

けれども、今はスマホが手元にある人がほとんどでしょう。紙に手書きする必要はまったくないので、スマホのメモアプリを活用して、書き出してみませんか?

ジャーナリングでは、ツールは重要ではありません。頭の中にあるものを文字にして外に出し、「見える化」することが目的ですから、ノートでもメモ帳でも、スマホのメモアプリでも、パソコンの文書作成ソフトでも、何でもいいのです。特別なノート術も必要ありません。

書き出した内容を客観視できたら、あとは優先順位や「選択と集中」を意識して淡々とパズルのように並べ替えていくだけ。余計な感情が入り込む隙がなくなり、頭の中のごちゃごちゃやモヤモヤがなくなります。

ちなみに、私が書き出すときは無印良品の「ブロックメモ」を使っています。正方形で無地の分厚いメモ帳で、1冊400枚もありますから気楽に使えます。これに日々発生する仕事とプライベートのタスクをどんどん書き出しています。仕事は青色、プライベートは緑色、自分以外の人も絡む緊急の用件は赤色と、ペンの色分けもしています。

ただ、文字は自分だけがわかるレベルの殴り書きで、きれいに書くために時間をかけるようなことはしていません。終わったタスクのメモは捨てていきます。

書いてしまえば、頭の中からは消しても大丈夫。それだけでも気持ちがラクになります。

すぐやる

書き出して「最初の一歩目」を見える化する。

16
「ふわっとした言葉」を使わなければ動くのに迷いはなくなる

■こんなにある！ 仕事やプライベートでの「ふわっとした言葉」

「徹底する」「推進する」「強化する」……。仕事の場面でよく見かける言葉です。こういう言葉に出合ったら、そのつど具体的な言葉に変換すると、すぐに動くことができるようになります。

今、挙げた言葉は、何を指しているのかがあいまいな言葉。いわゆる「ふわっとした言葉」です。たとえば、会議で「今後は営業を強化しよう」という結論に至ったときに、何をどのようにすればいいか、パッと思いついて即座に動ける人がどれだけいるでしょうか。言葉の意味するところが不明瞭だと、何をすればいいかがわからず、行動は止まってしまいます。

ふわっとした言葉は、使う人や使われる場面によって解釈が異なるため、具体的な行動につながりにくいのです。解釈の幅が広いだけに、すれ違いや齟齬《そご》が起こり、コミュニケーションに支障を来すこともあります。ビジネスの場面では、それが大きな問題につながる場合もあるのです。

ふわっとした言葉に出合ったら、具体的に何をどのようにするのかを頭の中で映像が流

Message 曖昧な言葉は、曖昧な思考を生む。──ジョージ・オーウェル（作家）

れるくらいまで言葉の解像度を上げることを意識してみるとよいでしょう。

仕事の場面で「あるある」のふわっとした言葉は、冒頭に挙げた3つ以外にもたくさんあります。

共有する、コミュニケーションをとる、効率化する、改善する、サポートする、注力する、取り組む、対応する、フォローする、活用する、検討する、調整する、配慮する、見直す、結果を出す、頑張る……。これらに出合ったら、具体的な言葉に変換しましょう。

ふわっとした言葉は、プライベートの場面でもよく見聞きします。

きれいにする、ちゃんとする、整理する、片づける、早めにやる、きちんとする、何とかする、しっかりする、気をつける、努力する……。あなたがつい使ってしまっている言葉はありませんか？

たとえば、「部屋をきれいにして」といわれて、思い浮かべる行動は何でしょうか。「掃除機をかける」「椅子の上に積み上げてある服をたたんでタンスにしまう」「テーブルを拭く」など、人によってさまざまです。だから行動に移しにくいといえます。

■ふわっとした言葉は行動に変換する

自分が仕事やプライベートでふわっとした言葉を使っていないか、意識してみるだけで行動が変わります。あいまいな言葉を使っていたら「自分ツッコミ」をして、できるだけ具体的な言葉に変換するクセをつけてみてください。

たとえば、「競合企業の情報を共有する」という言葉であれば、「同じ部署内のメンバーに競合企業のニュースのリンクをチャットで送る」または「取引先で聞いた情報を次の定例会議で話す」という具合です。同じく「コスト削減を徹底する」という言葉であれば、「コストの目標と実績を書いたチェック表をつくり、責任者を決めて毎月末に社内で注意喚起のメールを一斉配信する」というくらいまでハッキリした言葉に変換します。抽象的な言葉で終わらせず、すぐ動き出せるレベルの作業を思い浮かべることが肝心なのです。

ふわっとした言葉を、すぐ動ける作業レベルでイメージできていますか？　自分にツッコミを入れて、言葉の変換ができるかどうかが、すぐやる人になる分かれ道です。

すぐやる

あいまいな言葉は具体的な言葉に変換するクセをつける。

17

「やっぱこれ無理！」と思ったらゴールを柔軟に修正する

ゴールは柔軟に修正

■ゴールを修正するのは「負け」ではない

一度決めたゴールのレベルを下げたら負け――。そんなふうに考えていませんか？
これまで多くの方の「すぐやれない」悩みの相談に乗ってきた中で感じることがあります。それは、意識の高い頑張り屋さんほど、一度決めた目標を動かしたらいけないと思っているということです。

人のやる気がもっとも高まるのは、目標を立てた瞬間だといわれています。その目標が自分の能力と比較して現実離れしていたとしても、できそうな気がしてしまうからです。これを、「楽観主義バイアス」といいます。

目標の立て方で失敗するパターンはいくつかあります。目的なき目標、現実的ではない目標、理屈で考えすぎて気持ちが入っていない（自分で納得していない）目標、抽象的すぎる目標、他人ウケするかどうかで決めた目標……。これらに当てはまるときに動けなくなってしまう人が多いようです。

仮に目標の立て方で失敗してしまったとしても、**行動に移してみて「やっぱり無理だ」と気づいたら目標を修正すればよいのです。**けれども、頑張り屋さんにはなかなかそれができません。「今さら目標を変えるなんて恥ずかしい。なんだか負けてしまったみたい」

Message　計画通りに行かなければ、変えればいいだけの話だ。──正垣泰彦（サイゼリヤ創業者）

と考えてしまいがちです。思考停止状態が行動停止状態にまで至ってしまって、打ちひしがれ、自己否定に入ってしまうのです。

■目標修正するときは、自分の能力より「ちょっと上」にする

武蔵野大学ウェルビーイング学部長の前野隆司氏によると、能力に対する目標やタスクのバランスのよいときが、もっともフロー状態に入りやすいそうです。**フロー状態とは、そのとき行なっていることに完全に没頭し、集中している精神状態のこと。**能力に対して目標が高すぎるときにはフロー状態に入れませんから、ストレスを感じてしまいます。逆に、能力に対して目標が低すぎる場合、達成するのが簡単で退屈に感じてしまい、フロー状態には入れません。

このフロー状態に入るための方法をふまえれば、目標設定は自分の能力より「ちょっと上」ぐらいがちょうどいいとわかります。高すぎる目標で動けないときは「できるかな、どうかな。頑張ればできそう」と思えるぐらいの「ちょっと上」の目標に堂々と修正しましょう。目標を変えても、あなたの価値は変わりません。

目標修正の目安は、能力不足が原因で動けなくなったとき、ストレスを感じたとき、予定していた時期までに目標達成が難しそうだと感じたときなどです。「やっぱり無理！」と思ったら意固地にならず、柔軟にゴールを変えましょう。

具体的な数値目標であれば、いきなり2倍を目指すのではなく、20～30％の上乗せに留めましょう。たとえば、前年度１００万円だった売上目標を今年度は２００万円にしたいと思っても、まずは１２０万円～１３０万円を達成する、と考えます。

ダイエットでは、運動も食事制限も、と欲張らず、まずは毎日10分散歩することだけを考えます。

ストレスがかからず、かといって簡単すぎないレベルに設定することが肝心です。一足飛びにバラ色の未来には到達しませんが、高すぎる目標を掲げて挫折したり、ストレスで行動をやめてしまうのが、一番よくありません。行動を止めさえしなければ、ゴールには確実に近づいていけます。無理はしないようにしましょう。

すぐやる

無理だと思ったら目標を変える。行動は止めない。

18

「気分」は意外と大切。迷ったときは心地よいほうを選ぶ

■「正解／不正解」「損／得」は考えても意味がない

いろいろと考えすぎてすぐ行動できない人は、たいてい「正解／不正解」「損／得」を求めすぎています。

けれども、どの道が正解かどうか、得かどうかは、実際にやってみなければわからないことが大半ではないでしょうか。また、短期的には不正解だったとしても、長期的に見れば「あのとき、あの失敗があったからこそ、この成果がある」と感じることもあります。行動する前にあれこれ考えるのは、あまり意味がないことなのかもしれません。

そこでおすすめしたいのが、「正解／不正解」「損／得」にとらわれすぎて動けなくなるよりは、「快／不快」で心地よいほうを選んで、すぐ動くやり方です。心地よいほうが正解かどうかはわかりませんが、「快／不快」は自分が基準ですし、何といっても心地よいわけですから、後悔は少なくなります。行動の起点としては、納得感がないより、あったほうがいい。その点でも、**正解か不正解か、損か得かを考えすぎて動けなくなるよりは、心地よいほうを選んで動いたほうがよいと考えます。**

Message　Don't think, feel!（考えるな！ 感じろ！）──ブルース・リー（俳優）

自分の気持ちに正直になる

では、「快／不快」で考えるとは具体的にどういうことでしょうか。私がおすすめしたいのは「わくわくするほうを選ぶ」「面白そうなほうを選ぶ」「最初に思い浮かんだほうを選ぶ」こと。つまり、自分の気持ちを大事にして、見栄や体裁、理屈は考えないで選ぶやり方です。

もっともわかりやすい例は転職でしょう。「給与は高いけれども、職場の雰囲気が堅苦しいA社」と「給与は今と大して変わらないけれど、会社の人たちが何でも言い合えるようなカジュアルな雰囲気のB社」。あなたならどちらを選びますか？

あなたが給与の高いほうがわくわくすると感じるならA社を選べばいいですし、気楽な雰囲気のほうが心地よいと感じるならB社を選べばいいでしょう。何が心地よいか、わくわくするかは人によってさまざまです。自分の気持ちに正直になるのが、後悔なくすぐ動くためのコツです。入社してみなければわからないことは必ずあるので、正解／不正解を考えすぎて転職しないのが一番損かもしれません。

「快／不快」で考えるアプローチは、プライベートでも活用できます。

たとえば、子どもが中学受験や高校受験で学校を選ぶシーンを考えてみましょう。親としては「少しでも偏差値が高くて将来の選択肢が広がりそうなところを選んだら？」と子どもにアドバイスしたくなるものです。けれども、実際に学校へ行くのは子どもであり、親ではありません。子どもが通いたいほう、つまり「快」と感じた学校を選ばせたほうが、何かあっても親子ともども後悔は少ないのではないでしょうか。

これは部活動や習い事を選ぶとき、就職先を選ぶときも応用できる思考パターンです。友人や恋人との関係の築き方にしても同じでしょう。無理をして相手に合わせる関係は長続きしません。自分が心から楽しいと思える関係を築くほうがよい結果につながります。

趣味を始めるときも同じです。他人からいくら「楽しいよ」「役に立つよ」とすすめられても、自分が心から楽しめるものでなければ身が入りません。

迷ったときは心地よいほうを選んで、すぐ動き出しましょう。

すぐやる

自分の気持ちに正直になって、心地よいほうを選ぶ。

19

目標を達成できるか不安なら 1通だけお客様に フォローメールを送る

打ち手がなくても行動を起こすことが重要

友人が自身の経営する会社の業績悪化に悩み、私のところに相談に来てくれたことがあります。「考えても考えても、いい打ち手が浮かばない。ネガティブな結果が待っているとしか思えない」。そういって何も行動を起こすことなく、ただただ打ちひしがれていました。そこで私は、彼に1つ提案しました。

「とりあえず、30人に会ってみたら?」

これは、飛び込みで30人のもとに営業に行け、という意味ではありません。前職の同僚や趣味の友人、交流会で知り合った経営者、提携先の担当者などの知人30人に会う過程で、「仕事をください」といわなくても、現状を打開するヒントが何かしら得られたり、期せずして仕事が生まれたりするに違いないと考えたのです。

1人に会うたびに「仕事がもらえた!」「何もなかった……」と一喜一憂することはせず、とりあえず30人に会う。近況報告や雑談をするだけでいい。それを3か月以内に達成することを目標にしてみてはどうか、と友人には伝えました。

彼は最初、気乗りしていない様子でしたが、ほかにアイデアもないので、その提案に乗ってくれました。30人をリストアップして、1人ずつ順番に会うことを始めたのです。

Message 常に一歩前進することを心がけよ。停止は退歩を意味する。──野村徳七(野村證券創業者)

すると、面白いことが起こりました。3人目に会った人から仕事の発注があり、その後も彼を助けてくれる人が次々と現れます。最終的には7人目の人に会ったところで仕事が忙しくなり、業績悪化の苦境を乗り切るめどが立ったのです。

■結果はコントロールできないが、自分の行動はコントロールできる

行動を起こす前から「失敗するかも」「どうせうまくいかない」と私たちは悲観的に考えがちです。けれども、結果を事前に正確に当てることはできませんし、結果をコントロールすることもできません。ならば、コントロールできる「行動」のほうを大事に考えるほうがいいでしょう。動き出す前から結果を過剰に気にすると、行動が止まってしまいます。

たとえば、長期休暇を取って海外旅行に行きたいとき、あなたならどうしますか？「どうせ上司に許可してもらえないし」「チームメンバーに迷惑をかけてしまうかも」と考えていつまでも逡巡《しゅんじゅん》してしまう人もいるかもしれません。

けれども、休暇申請をすることを見越して、いつも以上に仕事を前倒しで進める、仕事

を引き継ぎできるように資料を作成する、信頼できるメンバーにだけ休暇を取りたいことを伝えて根回しをしておくなど、できることはいろいろあります。最終的に上司やチームメンバーがどう思うかはコントロールできませんが、自分で動けることに集中すれば、結果を気にするストレスがなくなり、先に対する不安も軽くなるのです。

資格試験なども同じです。結果を気に病むより、今できる勉強や対策をするしかありません。「もっと目標を下げればよかった」「当日に緊張して失敗するかもしれない」と悩むより、1ページでもいいから問題集を解いたほうがどれだけよい結果につながるか。そう考えれば、何もしないことが一番のリスクだとわかるのではないでしょうか。

結果ばかりを気にせず、目の前のアクションだけに集中すれば道は開けていきます。

すぐやる

先々の結果を考えず、目の前のアクションだけに集中する。

20

「今度」と「オバケ」は出たことがない。ピンときたらその場で日程を仮決めする

■すぐやれない人は脳が「すぐやる」に慣れていないだけ

すぐやる人とやれない人の違いは、脳がすぐやることに慣れているかどうかと関係があります。すぐやる人は後回しにすることをストレスに感じるため、気合いを入れることなくすぐ動くことができます。一方、すぐやれない人は後回しが習慣になっています。後回しにした瞬間はストレスを感じないのですが、やがてタスクがたまったり、進行が滞ったりするとストレスを感じる場面が増えてきます。

「今度とオバケは出たことがない」という言葉を聞いたことがありますか？　「今度、飲みに行きましょう」という誘いや、「また今度、連絡します」というあいまいな約束は、オバケに出会うのと同じくらいの確率でしか実現しないというたとえです。誘われたり、話が盛り上がったりして、本当に実現させたいなら、その場で日程を仮決めしてスケジュールに入れる。それをクセにするだけで、脳はすぐやることに慣れていきます。

■「自主練」を重ねて、すぐやるクセをつける

脳を「すぐやる」思考に慣れさせる自主練方法があります。

それは、「3秒アクション」です。まず、「あとでやろう」は、よほどのときを除いて

Message　機会というものは、待ってくれないものだ。──ナポレオン・ボナパルト（フランス皇帝）

「禁句」です。「3秒アクション」を心がけましょう。3秒ですべてを終える、という意味ではありません。「3秒以内に手をつける」という意味です。

3秒以内のアクションの基本は「仮決め」と「即対応」。あとで変更になってもかまわないというスタンスで、すぐに決める、すぐに対応することを優先させます。反射神経で動くイメージです。次のような場面で自主練をして、頭にすぐやるクセをつけましょう。

- **職場で同僚から質問**→3秒以内に答えや方向性を伝える。即答が難しいときは「明日返事しますね」「こういう感じで考えているけれども、1時間後にもう一度返事します」などと答えればOK。期限を明確にすることを忘れずに
- **経費精算・請求書提出の依頼**→3秒以内に手をつけて、処理する
- **気になるアイデア**→思いついたら3秒以内にメモする
- **ランチや飲み会の誘い**→3秒以内に「○○はどう?」と店と日程を仮決めして、オンライン予約する（直前でなければ、日時の変更、キャンセルが可能なお店は少なくない）
- **サラダ油が切れた**→3秒以内にスマホを手に取り、買い物メモを開いて、書き込む

後回しにすると、タスクが完了するまで頭の中に残っていることになります。それが1個ならさほど負担にはなりませんが、たくさんになると頭の中を圧迫してしまいます。あれもこれもとやるべきタスクが増えていくと、どの順番で手をつけるかを考えるのもどんどん大変になってしまうのです。残ったタスクを放置することで、チャンスを逃して後悔したり、あとから慌てて大変な目にあったり、場合によっては取り返しがつかない状況になってしまうこともあります。

特に、短時間で終わるタスクは、すぐやるクセをつけましょう。そのほうが自分のやるべきことだけが頭の中に残りますから、集中力も高まります。

すぐやる

「あとで」は禁句。3秒で手をつける。

21

苦手な人と会ったら「レアキャラに会えた！」と面白がる

■物事の意味づけを転換する「リフレーミング」

「嫌だ」「苦手」「面倒くさい」と感じる物事に対しては、「リフレーミング」（意味づけの転換）を行なうことで、すぐ動ける場合があります。**リフレーミングとは物事のとらえ方を変えることで、新たな意味を見出す心理学的な手法です。**

具体例でいうと、喉が渇いているとき、コップに半分水が入った状態を見て、「もう半分しかない」とネガティブにとらえた状況を「まだ半分もある」というふうにとらえ直す（解釈を変える）のが、リフレーミングです。ラーメンに独自の調味料をあとで加えると別の味わいになって、もっとおいしくなることを「味変」といいますが、リフレーミングは「味変」ならぬ「意味変」です。解釈を変えることで、固定観念を崩し、行動の行き詰まりを打破するきっかけになります。

リフレーミングが使えるようになると、ストレスを軽減できますし、問題解決の選択肢を増やすこともできます。苦手な人とばったり会って嫌なことをいわれたときは、「ああ、またあの人に会ってしまった……」と思うと、その後もネガティブな気持ちを引きずってしまいます。「レアキャラに会えた！」と思えば、苦手な人に会ったことを観察するような気持ちでとらえることができ、ネガティブな感情を引きずることなく次に向かうことが

Message 事実そのものではなく、それに対する解釈が人を苦しめる。――エピクテトス（古代ギリシャ哲学者）

できます。

私もこのリフレーミングを日常的に使っています。私はブロッコリーや椎茸が苦手で、できれば食べたくないと思っています。だから、これらが入った料理が出てくると、つい箸が止まってしまいます。けれども、自分が健康オタクであることを利用して、ブロッコリーと椎茸を栄養満点の「サプリメント」だととらえるようにしてから、躊躇《ちゅうちょ》なく食べられるようになりました。ちょっとしたことですが、リフレーミングを利用するとフットワーク軽く動けますし、何をするにも前向きに取り組むことができるようになります。

リフレーミングを習慣化すれば「憂鬱で動けない」がなくなる

ただ、リフレーミングはすぐできるようにはなりません。無意識にしている頭の使い方のクセを修正するわけですから、意識的に練習して習慣化する必要があります。

仕事やプライベートでリフレーミングを繰り返し使ってみましょう。たとえば、職場では次のようなリフレーミングが考えられます。「意味づけを転換するゲーム」と考えるとより楽しく練習できます。

- 面倒くさい領収書の整理→仕事を始める前に指をあたためるための体操
- できれば先延ばしにしたい上司へのネガティブ報告→用件をコンパクトに伝える練習
- 憂鬱なクレーム対応→アンガーマネジメントの練習。相手のニーズを深く理解する機会
- 退屈でつまらないコピー取り→効率化を考える練習
- 意見をいってくれない人も参加しているリモート会議→言葉引き出しゲーム
- タイトな締め切り→集中力アップの練習

いかがでしょうか？　こんなふうに考えると、憂鬱なタスクにも取りかかりやすくなります。プライベートでも、たとえば苦手な家計管理を「お金を使う優先順位を考えるいい機会」ととらえると、重い気持ちが少し軽くなります。

解釈次第で、気が重いことにもすぐ取りかかれることもあると知っておくと便利です。

すぐやる

意味づけを変えれば、嫌なこともすぐやれる。

22

「できない」と決めつけられるなら「できる」と決めつけてもいいじゃない

■自分を縛っている無意識のバイアスがある

「自分は能力がないのでとても無理」「まだ経験が浅いから絶対にできない」「大した実績もないので任されても困る」など、行動する前から自分の能力や実績を過小評価している人がいます。このように、**本来の自分の能力を過小評価して「自分はダメな人間だ」と考える状態を「インポスター症候群」と呼びます。**「インポスター」は英語で「詐欺師」の意味。他人に評価されても、本人は認められず、自分がほかの人を騙していると考えて卑下してしまうのです。

近年はアンコンシャス・バイアス（無意識の思い込み）という言葉もよく耳にするようになりました。インポスター症候群もアンコンシャス・バイアスも、すぐやる行動を阻害してしまうことがあります。

私たちは普段、さまざまな無意識の思い込みにとらわれています。無意識の思い込みなので、当然、自分では気づけていないことがほとんどです。けれども、そのバイアスによってつくられた自分の思考のクセや行動パターンを意識すれば、すぐやる自分を縛っているバイアスから抜け出すことができます。

Message　最初から「できない」ことを前提にせず、「どうしたらできるか」を考えてほしい。「不可能」と「困難」は違うのである。―西川晃一郎（元日本ユニシス社長）

■日記の言葉遣いから自分を縛るバイアスに気づく

バイアスを外すためにやってみてほしいのが「日記」をつけることです。といっても、何か月も書くのは大変ですので、3日間だけで大丈夫。もちろん、続けたい人は長く書いてもかまいません。その日あった出来事やそのときの自分の行動、感情、自分の発言を書き出してみましょう。長文で書く必要はありませんので、気軽に試してみてください。

3日分書き終えたら、自分が無意識のバイアスにとらわれていないか、振り返りをします。そのときに注目してほしいのが「言葉遣い」です。バイアスにとらわれているとき、私たちは無意識に何かを決めつけたり、押しつけたりする言葉を使っています。

普通は、たいてい、絶対、女性だから、男性だから、親だから、大人だから、子どもだから、○歳だから、理系だから、文系だから、日本人だから、○○出身だから、どうせ○○だ、きっと○○に違いない、○○なはずがない、○○に決まっている、○○すべき、○○であるべき、○○して当然、○○が常識だ、昔から○○だ、みんな○○しているから、わざわざ○○してあげたのに、○○のためを思って……。

日記の中に次のような言葉がないか、チェックしていきましょう。

私自身も、これらのバイアスにとらわれている言葉が自分の日記にどれだけあるかをチェックしたことがあります。すると、1日の日記の中に10個以上のバイアスにとらわれた言葉があって愕然としたのを覚えています。

ただ、バイアスにとらわれていると気づいても落ち込む必要はありません。バイアスは多かれ少なかれ、誰でも持っているものだからです。

大事なのは、自分がバイアスにとらわれているという状態に気づくこと。無意識のバイアスは、気づいて、意識すれば抜け出すことができるからです。

もし、「どうせ自分にはできない」が口癖なら、「自分はできる」を口癖にしてもいいのでは？ これまでは失敗続きでも、100回目に成功するかもしれないですよ。

すぐやる

3日間だけ日記をつけて、自分を縛るバイアスに気づく。

23

とにかく「何もしない」という状況をつくらない

すぐやることを邪魔する「外部要因」と「内部要因」

すぐやれないとき、何が行動を邪魔しているのか、考えたことがありますか？

すぐやれない要因は、大きく分けて2つあります。

1つは、「外部要因」です。自分を取り巻く環境が、すぐやることを邪魔しているというケースです。もう1つは、前項で解説した無意識のバイアスのような「内部要因」。つまり、自分の中にある固定観念や思い込みです。

「なぜ自分はすぐ行動に移せないんだろう？」と思ったら、その要因を考えてみましょう。外部要因の中には、対策を取れば取り除けるものもあります。ここでは、外部要因について解説します。

日常に潜む「外部要因」を見つけてみよう

すぐやることを邪魔する外部要因にはどのようなものがあるでしょうか？　いくつか挙げてみますので、自分に当てはまるものがないか、チェックしてみてください。

要因がわからないまま、やみくもに頑張っても状況は改善せず、自己効力感（「自分ならできる」と思える自信）が下がってしまうだけです。まずは、外部要因が素早い行動を邪魔す

Message　今から数年後、あなたはやったことよりも、やらなかったことに失望する。
——マーク・トウェイン（小説家）

ることがあること、自分が外部要因によってすぐやることを邪魔されている状態に「気づく」ことが大事です。

〈すぐやることを邪魔する外部要因チェックリスト〉

□天候
□突然の来客や電話
□メール、チャット
□スマホの通知
□SNSやインターネット
□アマゾンプライムビデオやネットフリックスのような動画配信サービス
□ゲーム
□遊びや飲み会の急な誘い
□家族や同居人から話しかけられる

■外部要因の中には自分でコントロールできるものも

自然災害や家族の病気など、自分で対策することが難しい外部要因もありますが、ここに挙げた外部要因は自分である程度コントロールできるものばかりです。

要因がわかったら対策ができます。とにかく「何もしない」という状況が一番よくありません。次のように考えて、すぐできる環境を自分でつくっていきましょう。

- ☑**天候**↓天候に左右されずに運動ができるよう、ジムに申し込む。雨なら家で筋トレやストレッチ、ラジオ体操をする
- ☑**突然の来客や電話**↓職場や家に人が突然訪ねてくることがないように、前もって「アポを取ってほしい」と話しておく。連絡はメールを基本にしてもらう。電話は留守番電話にして自分の都合のいいときに折り返し電話をする
- ☑**メール、チャット**↓メールやチャットの通知をオフにしておく。メールやチャットの確認や返信の時間帯を決めておいて、それ以外では見ない
- ☑**スマホの通知**↓アプリの通知をオフにする。スマホの電源をオフにする。すぐ手に取れないように別室に置いておく

☑**SNSやインターネット**↓作業用デバイスで特定のサイトをブロックするアプリを使ってみる

☑**アマゾンプライムビデオやネットフリックスのような動画配信サービス**↓見る時間を決める。それができないならいったん解約する

☑**ゲーム**↓ゲーム機やコントローラーを使い終わったら視界に入らないように片づける。ゲームアプリをいったん削除する。ゲーム機やアプリに搭載されている「使用時間制限」を設定して、一定時間以上はプレイできないようにする

☑**遊びや飲み会の急な誘い**↓「今はそのような時間を取れない」と周りに伝えておく

☑**家族や同居人から話しかけられる**↓集中したい時間を決めて、そのときは配慮してほしいとお願いする。カフェやコワーキングスペースに行く

こうして挙げてみると、意外と自分でコントロールできる外部要因もあるということがわかるのではないでしょうか。

ちなみに、私は以前、どうしても集中したい仕事があったとき「体調が優れなくて医師からお酒を止められている」とSNSに投稿したことがあります。これによって、飲み会

に誘われなくて済むような状況を自分でつくったのです。
断れる自信があるのならこのようなことをする必要はないのですが、やはり友人との楽しい会を欠席するのは残念なものです。そのため、このときは必要に迫られて、ドクターストップという言い訳を使いました。

そこまでするのはやりすぎだ、と感じるかもしれませんが、本当に頑張らないといけないタイミングというものは、誰しもあると思います。そんなときこそ、自分の行動を邪魔する外部要因を冷静に見つめて、コントロールできることはコンロトールしましょう。
あとから振り返ったとき、「○○しておいてよかった。すぐ動けたし、集中することができた」と思うことができます。

すぐやる

すぐやることを邪魔する外部要因に気づき、対策を講じる。

24

ノーアイデアでも パソコンを開いて 何かしら打ち込んでみる

自分なりの作業興奮のスイッチ
あいうえお
あー……
アイデアがなくても「あいうえお」だけ打つ
スイッチオン！
よっしゃあ！

■作業興奮を味方につける

すぐやる人は、行動するのが億劫なときは、やる気やモチベーションに頼らず、「体を動かすことに頭を切り替えています。これは「作業興奮」を利用したすぐやるための方法です。26ページでも少し触れましたが、**作業興奮とは、作業を始めることで脳が活性化し、次第にやる気が湧いてくる現象のことです。**最初はやる気がなく、気分が乗らなくても、とりあえず体を動かして始めることで脳が刺激され、脳内のドーパミン（やる気や快感を生む神経伝達物質）が分泌されることで、集中力が高まってきます。やる気が出るのをひたすら待つより、まず体を動かしてみましょう。

■作業興奮で行動を引き起こすパターン

では、やる気のスイッチを入れてくれるような行動とはどういうものなのか、具体的に挙げてみます。

企画書作成なら、企画書のファイルを開いて、とりあえずタイトルらしき文字を打ち込んで手を動かし続けてみてください。次第にエンジンがかかって、1ページ目が思っていたより短時間でできあがるかもしれません。

Message　とにかく始めよ。そうすれば、才能も力も湧いてくる。―ゲーテ（詩人・劇作家）

アイデアを出し合う会議では、いいアイデアを思いつくまで黙り込んでいるよりも、とりあえず雑談をしてみましょう。会話が盛り上がるにつれて、いいアイデアにつながる可能性があります。

電話で顧客にどんな提案をすればよいか悩んでいるときは、とりあえずスマホを手に取り、ブツブツと電話でセールストークをしているふりをしてみましょう。実際、かつての同僚がこの行動をすることで、スムーズにアポ電話をかけられるようになっていました。

ほかの作業で作業興奮の状態をつくってから、その流れで本来やるべきことに取り組むのもよい方法です。たとえば、領収書の整理をして作業興奮を引き起こしてから提案書の作成に入る、机の上を1分片づけることによって作業興奮を引き起こしてから部屋全体の片づけにつなげていく、といった具合です。

行動に移しやすくなる「5秒ルール」も併用しよう

とはいえ、「作業興奮を引き起こすための、その最初の行動に移るのが難しい……」と感じる人もいると思います。実際、やる気が出ないときほど、迅速に行動に移すのは難しいものです。

プレゼント❶ 『著者による本書の解説動画』（約15分）

本書のエッセンスを著者自ら解説した動画を読者にだけ無料で限定公開！ 本書の理解を深めていただくのに最適な内容です。

プレゼント❷ 『すぐやる人の名言リスト』（PDF）

本書のmessage欄でも紹介された「すぐやる人」の思考法にふさわしい元気が出る43の名言リスト（15ページ著者解説つき）をPDF形式で差し上げます！

プレゼント❸ 『思考の整理コツ集』（PDF）

本書の原点になった著者のすぐやる哲学をエッセイ形式にまとめた小冊子レポート（56ページ書き下ろし）をPDF形式で差し上げます！

こちらの二次元コードもしくはURLからお申込みいただければ
無料で受け取れます（非売品）

https://bit.ly/3Dv1T4B

※本プレゼントは、製本してご郵送するものではありません。
なお、このプレゼントは予告なく終了する場合もございますので予めご了承ください。

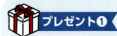

そこで試してみてほしいのが「5秒ルール」です。ニューヨーク州の弁護士だったメル・ロビンス氏が実践しているルールで、そのやり方をまとめた書籍は全米でベストセラーになっています。

やり方は非常に簡単です。**やるべきことに気づいたときや、すぐ行動に移したいときに「5、4、3、2、1、Go!」のかけ声で行動する。**それだけです。

人間の脳は、何かをする必要があるときでも、5秒以上考えるとやらなくてもいい理由を考え出すのだそうです。5秒で動き出して、脳に余計なことを考える隙を与えないようにしましょう。

動いてみて、作業興奮のスイッチを入れられれば、あとは作業興奮に任せてやるべきことを進めるだけ。自分なりの作業興奮のパターンを複数持っておくと、すぐ行動するのも楽しくなります。

すぐやる

5秒ルールで作業興奮のスイッチを入れる行動に入ろう。

第3章

頑張らなくてもすぐやれる「思考ルーティン」を持とう

誰しもが面倒くさい、不安だという気持ちですぐやれないときがあります。そこで本章では、頑張ろうとしなくても、ネガティブな気持ちが消えてラクに動き出せる思考ルーティンについて解説していきます。

25

やる気はなくても「1分だけ」やりきる

「アーリースモールサクセス」の精神で動く

小さな成功を素早くたくさんつくることを、「アーリースモールサクセス」といいます。すぐやるためには、このアーリースモールサクセスを意識するのがおすすめです。

具体的には、「1分以内にできる小さなこと」に集中するだけです。1分でできることならすぐに取り組めるので、ハードルが低く、失敗を気にすることもありません。自己肯定感が高まって、さらに行動を加速させることにもつながります。

営業の仕事なら、「100社にアプローチしなきゃ」と思わずに、まず1社へメールを送る。英会話の上達なら、単語1個を覚える。資格取得のための勉強なら、過去問を1日に1問だけ解く。健康維持のための運動なら、1分だけ体操をする、でもいいでしょう。

このように1分だけの行動を、今日だけでなく、毎日やりきるのです。とにかく短時間で無理なくできることに日々集中することで、目指すゴールに近づくことができるでしょう。

大きな成果も小さな一歩の積み重ね

このように、すぐやる人は1分でもできる小さなことから手をつけますが、すぐやれない人は複数のことを同時進行で始めようとしたり、いきなり長時間の集中を要するような

Message　人間の運命を変えようと思ったら、まず日々の習慣から変えるべし。——松下幸之助（パナソニック〔旧松下電器産業〕グループ創業者）

行動から始めようとしたりします。SNSで他人の成功を目にして、その状態に一足飛びに行こうと焦っている人も見受けられます。

ただ、どんなに大きな成果も、小さな一歩の積み重ねの結果です。大きな成果を出している人も、水面下で必死になって足を動かしているものです。

小さな一歩は、地味でダサいことではありません。むしろゴールに近づくための大事な一歩なのだということに、まず気づいてほしいのです。

■1分だけ単語とフレーズをピックアップして大学院合格

以前、私のコーチングを受けにきてくれた会社員の女性は、まさにすぐ行動できないことに悩む人でした。「大学院に進学したい」という目標を持ちながらも、英語の論文読解、英語のレポートを作成するための勉強のほか、受験対策以外のタスクにも手を出していたために、億劫になって途中で挫折してしまい、ストレスをためていました。

そこで、「大学院受験のために、何から始めないといけないか」を考えてもらい、それを1分でできる小さな行動にして、半年間続けてもらうことにしました。具体的には、大学院受験対策の時間をほかの予定より優先することを意識してもらい、挫折しないように小さなルーティンを設定しました。それが、大学院入試で必要になる英単語の学習です。

英語の論文読解に必要だけれども覚えられていない苦手な単語やフレーズをテキストや英字新聞に1分だけ目を通して赤丸をつけてピックアップするだけ。もちろん、その後は単語やフレーズを覚えていくのですが、まずは1分でできるタスクに絞り、先延ばしにせず、毎日すぐ着手できるようなルーティンにしたのです。いきなり論文読解から始めると挫折する恐れがありますが、これなら毎日続けられます。

最初は「こんなに小さなことでいいんでしょうか?」といっていた彼女でしたが、大学院に見事合格し、その後はより自分の強みを発揮できる職場への転職も実現させました。

小さな行動をバカにして、あれこれと手を出していたら、どれも続かず中途半端になり、大学院合格も転職も実現しなかったでしょう。小さな行動に集中することはそれほど大事なのです。

すぐやる

「1分以内にできる小さなこと」を積み重ねる。

26

コントロールできないことを嘆いて立ち止まらない

■自分がコントロールできないことにムキになっていないか

すぐやる人は、物事を自分がコントロールできることと、できないことに分けて瞬時に整理し、コントロールできることに意識を切り替える思考ルーティンを持っています。**自分で変えられないことを悩み続けるのではなく、自分ができることを探して行動するのです。**

壁にぶつかって立ち止まってしまうことは誰しもあるでしょう。ただ、そこで思考を切り替えてすぐ動き出せるかどうかがポイントです。立ち止まってしまいがちな人は、自分でコントロールできないことにムキになって頑張ろうとしていないか、一度考えてみてください。相手に変わってほしいと願っても、それは無理というもの。また、すでに起きてしまった出来事について思い悩んでも現実は変わりません。自分でコントロールできることに意識を切り替えたほうが、ストレスを少なくしてすぐ動くことができます。

たとえば、職場のチームメンバーに物言いのきつい苦手な人がいても、その人を変えることはできません。チームメンバーですから、業務連絡をする必要もあるので、避けては通れません。

そういうときも、自分のできることに集中しましょう。「もっと優しい言い方をしてほ

Message　幸福への道はただ1つしかない。意思の力でどうにもならない物事は、悩まないことである。──エピクテトス（古代ギリシャ哲学者）

しい」という期待を捨てる、あいさつやお礼などの当たり前のことを当たり前に淡々とする、会話を必要以上に延ばさない。そのほうがポジティブな気持ちですぐ仕事に取りかかれます。

予算や時間に限りがあって、仕事が思い通りに進まない場面でも同じです。

たとえば、デザイナーに依頼したい案件が出てきたとき、「もっと予算があれば」「もっと締め切りが先なら」と嘆いても仕事は進みません。予算や時間を変えられないなら、自分でコントロールできることは何か、と考えてみましょう。素材がたくさん用意されているデザインアプリを使えば、予算を抑えてそれなりのクオリティのものをつくれるかもしれません。また、過去の案件をテンプレートとして使えば、短時間で終わらせることができるかもしれません。

変えられるのは「自分の行動」

私も仕事で苦境に立たされたとき、自分でコントロールできることに意識を切り替えて乗り切ることができた経験があります。

仕事がなく、金銭的にも行き詰まったとき、私は成功している人への嫉妬と行動への不安もあって、何も手につかず、立ち止まってしまいました。「モチベーションを上げるため」と言い訳しては成功者の講演会に足しげく通い、本業について考えることから逃げていたのです。

ただ、仕事がない、お金がないとコントロールできないことを嘆いても前進しないので、このような状況でも自分でコントロールできることは何かと考え、あるとき書き出してみました。すると、商品の提案書の見直し、起業家の先輩への相談、新規アポを取るためのリストづくり、人脈づくりのための交流会への申し込みなど、できることがたくさん出てきました。それらに注力しているうちに、大型案件と出合い、危機を脱することができたのです。

自分がコントロールできることは何かと考えるルーティンができると、余計なストレスを抱えたり、どうしようもないことで思い悩んだりすることは減っていきます。

変えられないことを嘆いても何も変わりません。変えられるのは、自分だけなのです。

すぐやる

「自分でコントロールできること」に着目する。

27

タスクは「今日・今週・今月」で分類する

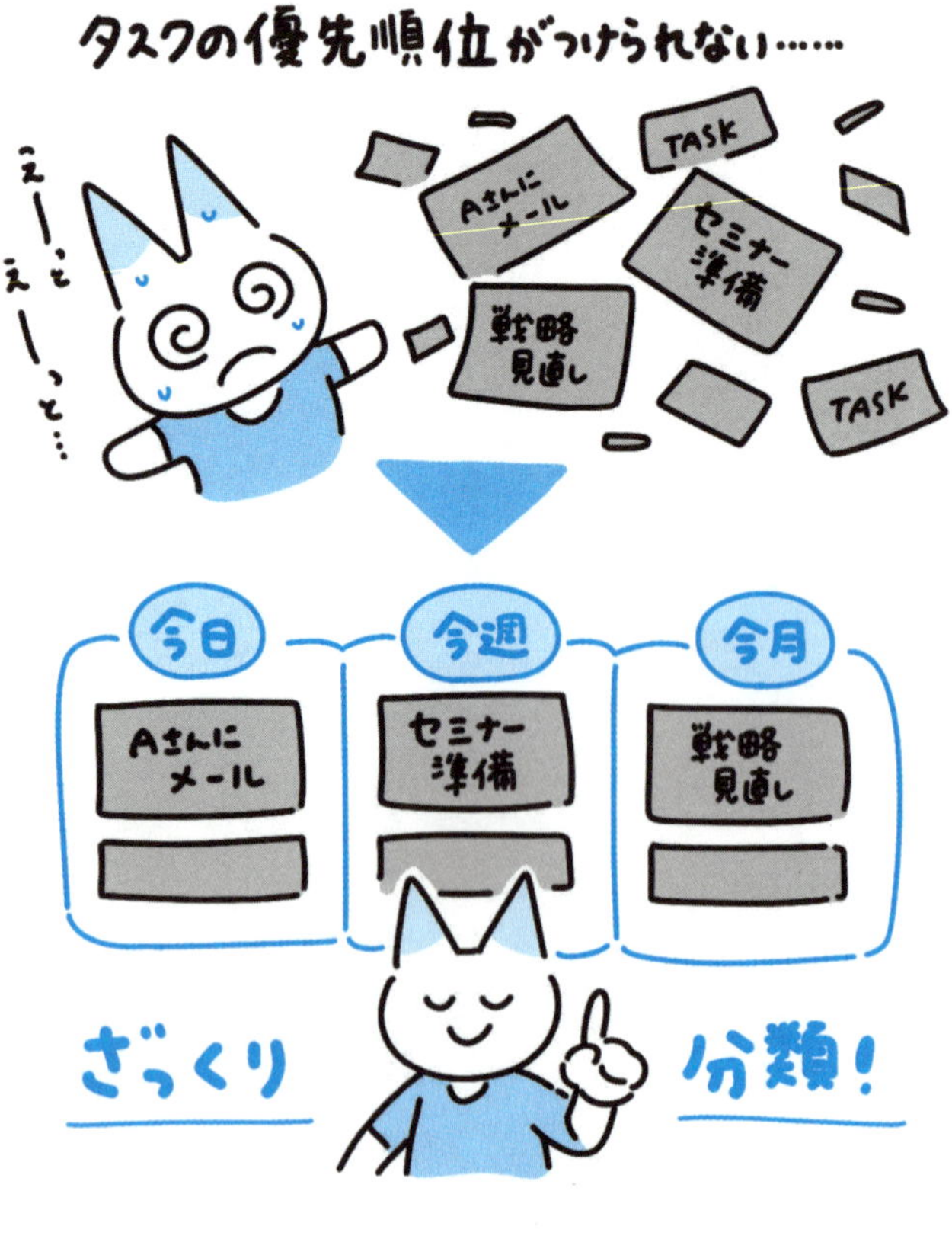

■優先順位をつけるために、タスクをざっくり分類する

タスクが多すぎてどこから手をつければいいかがわからないときは、優先順位がわからなくなっているときです。

優先順位をつけるために、タスクの「分類」をルーティンにしましょう。**「おおざっぱでもいいから分類する」という思考ルーティンを持つだけで、頭の混乱を予防し、頭の中をスッキリさせて、冷静に細かい調整ができるようになります。**

タスクの優先順位をつけると聞くと、「緊急度」と「重要度」で分類するアイゼンハワー・マトリックスと呼ばれるフレームを思い浮かべる人もいるかもしれません。

けれども、1つひとつのタスクの緊急度と重要度を分類するのはかなり難しいですし、時間がかかってしまいます。すぐ行動するためには、難しいことは考えない「ざっくり分類」でOKです。3つぐらいの大きな括りで分けてみましょう。

私がよく講演や研修でお伝えしている分類パターンが2つあります。1つは、短期・中期・長期の「時間軸別」による分類、もう1つは、営業・商品・管理のように「業務別」で分類することです。業務別の場合は、自分の仕事内容に合うように適宜変えてください。

Message　スケジュールに優先順位をつけるのではなく、優先順位をスケジュールすることが大事だ。──スティーブン・R・コヴィー（作家・コンサルタント）

誰でも使える分類は「今日・今週・今月」

ただ、この分類の仕方でもまだ難しいと感じる人もいるでしょう。そういう人におすすめしたいのが「今日・今週・今月」というタスクの期限別で分類する方法です。業種に関わらず使うことができますし、シンプルな分類なので簡単です。

分類するときは、ノートに書き出してもいいですし、付箋《ふせん》を使ってもいいでしょう。頭の中だけで分類するのは難しいので、必ず目に見える形にしましょう。

私は付箋1枚につき1個のタスクを書き出し、それを分類ごとに並べ替えて整理しています。すると、「今すぐ取りかかったほうがいいこと」「後回しにしてもいいこと」が「見える化」されるので、どこから手をつけるべきかわかりやすくなります。

優先順位がわかることで、「今日はこれだけ頑張ればいいんだ」と頑張る範囲が明確になるので、心理的な負担が軽くなり、すぐ動き出すことにもつながります。「今日・今週・今月」に分けるだけで、すぐやる準備が整うのです。

ここからは分類の具体例を紹介します。

たとえば、会社で営業職に就いているAさんが次のようなタスクを抱えているとしましょう。

・主要顧客へのフォローアップメール送信　・今日の午前中に取引先X社へ訪問　・大口案件の提案書の作成　・目標達成のための計画調整　・社内勉強会への参加　・新規顧客リストの作成　・営業成績のレポート提出　・セミナー参加の準備　・競合他社の分析レポートの作成　・社内会議の資料作成　・営業戦略の見直し

やらなければならないタスクが山積みなのはわかりました。けれども、このままではどれが急ぎなのか、重要なのか、判断がつかないので、どこから手をつけていいかがわかりません。このタスクの羅列を見ているだけで呆然としてしまいます。

これらのタスクを「今日・今週・今月」でざっくり分類してみましょう。

具体的には、次ページ図のような形です。

■「今日・今週・今月」でタスクを分類

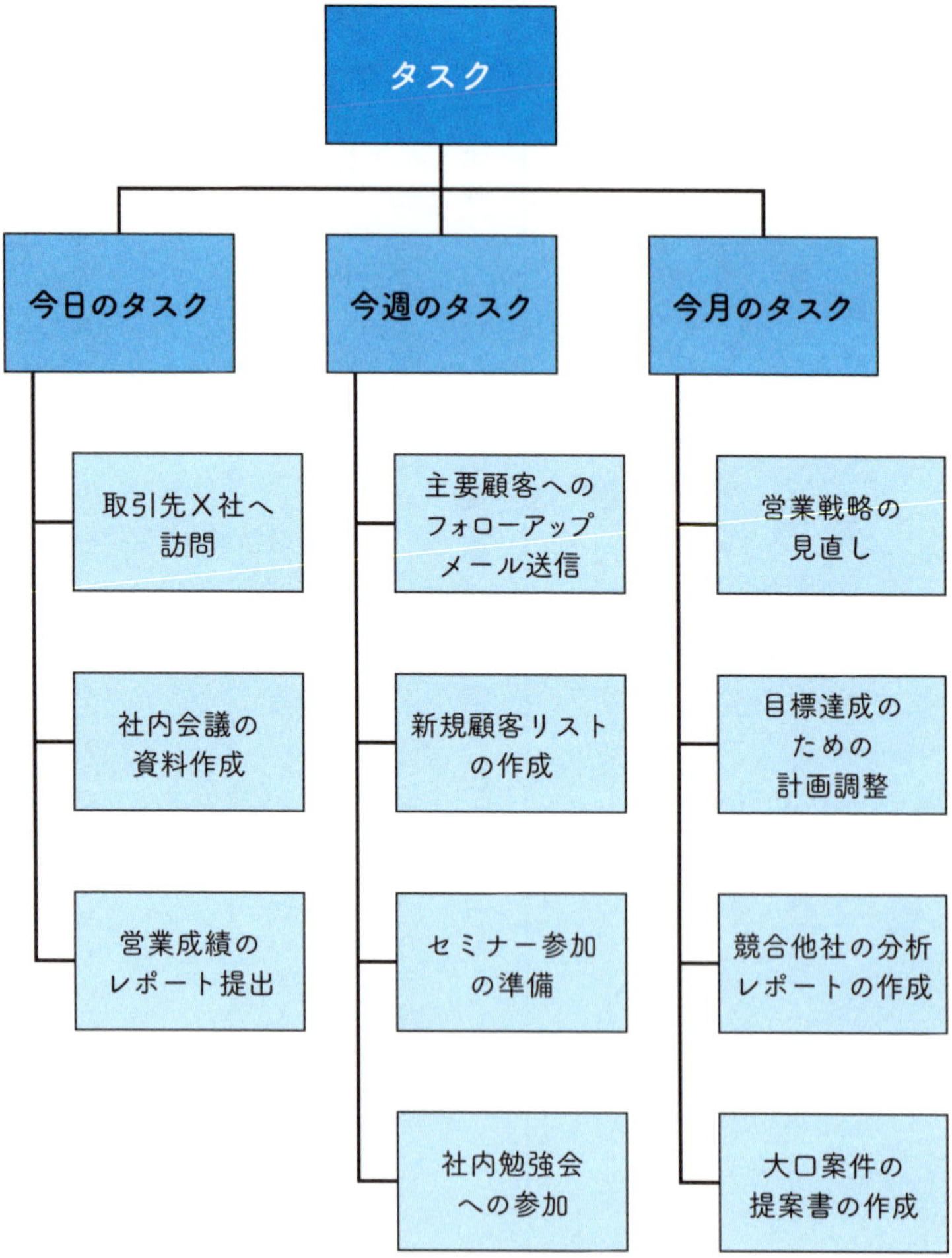

自分に合った分類方法を見つけよう

「今日・今週・今月」の分類は、仕事だけでなく、資格試験や英語の勉強、家事や育児といった家庭のタスクの優先順位を決めるときにも使うことができます。

ただし、自分なりの分類方法が見つかれば、それを使ってもらうに越したことはありません。ひょっとしたら「10分でできること」「30分以上かかること」「1時間以上かかること」のように、所要時間で分けるほうが性に合っているという方もいるかもしれません。

大切なのは、自分がすぐに行動に移せる形で整理することです。とりあえず、「難しいのは嫌。できるだけ短時間で優先順位をつけたい」という人には、「今日・今週・今月」で分けることをおすすめします。

すぐやる

大量のタスクは、大雑把にざっくりと分類する。

28

大きなタスクは小さく3つに分解してやることをはっきりさせる

今の自分のままでもすぐできる大きさに分解する

やるべきことははっきりしているのにすぐ行動に移せないときは、タスクが大きすぎるか、抽象的すぎることが考えられます。

人は何をやればいいかがはっきりすると動きやすくなるものです。このような場面では、タスクを「小さな作業レベル」にまで分解しましょう。すると、心理的な負担が減り、すぐ行動を起こせる状態になります。

すぐ動けないとき、やる気やスキルの向上で乗り切ろうと考える人も少なくありません。けれども、やる気は波のある不安定なものですし、簡単にはコントロールできないということは本書のプロローグでもお話しした通りです。また、スキルを高めるには一朝一夕にはいきません。スキルの種類にもよりますが、数か月、ものによっては数年という時間がかかります。

自分を成長させるより、「今の素の自分のままでもすぐできる」ように仕事の形を変える視点を持ちましょう。そのための方法が、大きなタスクを分解することなのです。

小さくすればするほど、簡単に短期間でできるようになるので、取りかかりの負担を小さくすることができます。

Message　大きな課題も千切りにすれば必ずできる。何か問題が起きたら、それを小さく切り刻めばいい。──永守重信（ニデック創業者）

■とりあえず3つに分解し、さらにそれぞれを分解する

では、具体的にどうすればいいのでしょうか。私がおすすめしたいのは、今あるタスクをとりあえず「3つ」を目安に分解することです。

たとえば、会社主催のカンファレンスの企画を任されたとしましょう。カンファレンスは、特定のテーマについて大きな会場で社内外の大勢の人を集めて開催される大規模な会議です。考えて決めなければならないことがたくさんあります。

このとき、いきなり「カンファレンスの企画を考える」作業に取りかかってはいけません。タスクが大きすぎますし、漠然としすぎています。何から手をつけていいか考え込んでしまって動けなくなる人がほとんどでしょう。

そういうときは、まず、タスクを3つに分解しましょう。①「会場・日程の決定」、②「参加者の選定」、③「プログラムの作成」。これで3つです。それぞれのタスクがまだ大きければ、さらに分解していきます。作業レベルにまでタスクを分解できれば、かなり手をつけやすくなるはずです。

①「会場・日程の決定」をさらに分解

↓

・エリアをリストアップする
・予算に応じた参加人数を考える
・予算と参加人数に合う候補会場をリストアップする
・必要な設備（プロジェクター、音響など）を確認する
・仮予約をする
・正式に予約を確定し、会場側と契約を結ぶ　など

②「参加者の選定」をさらに分解

↓

・過去の参加者リストを取り寄せ、対象者を洗い出す
・新規のターゲットリストを作成する
・招待状や告知用のメールを作成する
・招待者リストを作成し、連絡を開始する　など

③「プログラムの作成」をさらに分解

↓・開催目的に応じて、カンファレンスのテーマ案を考える
・セッションの時間割を作成する
・各セッションの内容と担当者を決める
・スピーカー候補のリサーチ
・スピーカー候補にオファーを送る
・スピーカーと調整し、必要な資料を準備する
・当日必要な配布資料を作成する
・当日の進行スクリプトを作成する　など

最初のタスクをとりあえず3つに分解し、それを作業レベルになるまでさらに分解していけば、すぐ手をつけられるレベルになるのがおわかりいただけたでしょうか。

タスクの分解を手伝ってくれる生成AIツールも登場

この考え方は、通常のビジネスにも応用できます。「売り上げを増やしたい」と漠然と

考えていても、何からすべきかがはっきりしないので動きは鈍くなります。「単価を上げる」「購入回数を増やす」「顧客数を増やす」のように、とりあえず3つのタスクに分けましょう。さらに、それぞれのタスクを具体的な作業レベルに分解していけば、ネクストアクションが見えて格段に動きやすくなるはずです。

今はChatGPTをはじめとする生成AIのようにタスクの分解を手伝ってくれる便利なツールも登場しています。自分でタスクを分解するのが面倒なら使ってみるのもおすすめです。

「タスクはまず3つに分解する」という思考ルーティンを日常に取り入れるようになると、大きな仕事や難しい課題でもすぐに取り組みやすくなります。

すぐやる

大きなタスクはとりあえず3つに分解する。

29

「二日酔いでもできる」くらいのことから始める

■ベイビーステップで行動の難易度を極限まで下げる

すぐ行動に移せるかどうかは、タスクの難易度をどれだけ下げられるかにかかっています。前項でタスクをまず3つに分解し、そこからさらに細かく分解していくことの有効性についてお話ししました。ただし、重要なのは、「いかに実際に行動できるレベルにまで落とし込めるか」です。単純にタスクを細かくすることが目的ではありません。

特別なスキルや心構えは一切必要なく、今のままの「素の自分」でできる行動を見つける思考のルーティンがあると、すぐやることへのハードルをかなり下げることができます。

そこで意識してほしいのが、ベイビーステップです。ベイビーステップとは、赤ちゃんの小さな歩みのような一歩のことです。

ベイビーステップでは、行動の難易度を「極限まで下げる」のがポイントです。「これなら絶対にできる」「絶対に失敗しない」というレベルにまで下げます。そのため、心理的な負担を感じず、すぐに取りかかれますし、始めることでさらに次の行動に移りやすくなる効果（26ページ参照）があります。ベイビーステップは、絶対に失敗しないほど簡単な行動なので、成功体験を積みやすく、継続しやすいというメリットもあります。

Message　平凡なことを毎日平凡な気持ちで実行することが、すなわち非凡なのである。――アンドレ・ジッド（小説家）

中国の思想家である荀子は「着眼大局、着手小局」という言葉を残し、物事を大きな視点で俯瞰的に見ながら、目の前の小さなことにも注意を払って行動しようと、紀元前には唱えていました。その後、近代では自動車メーカー「フォード」の創業者であるヘンリー・フォードが「小さく崩せば仕事は難しくない」と説き、小さな一歩目にいかに意識をフォーカスするかの大切さを語っています。

ところが、「すぐやらない人」の思考ルーティンは「着眼小局、着手大局」になってしまい、小さな視点で物事を考えながら、大きな第一歩目を踏み出して挫折に陥ってしまうケースが多いようです。大きな視点で物事を考えつつも、ベイビーステップで始めることはすぐやる人の絶対条件です。

笑っちゃうほど簡単なことでいい

ベイビーステップを日常に取り入れるときに便利な基準があります。それは、「二日酔いでもできること」という基準です。

頭が痛くて、気持ちが悪くて、動きたくない。できればこのまま寝ていたい――。そんなときでも、できることはあります。それがベイビーステップです。

たとえば、英語の勉強なら「単語帳を開く」、ダイエットなら「体重計に乗る」、書類の作成なら「パソコンの電源を入れる」あるいは「パワポを開く」、新規顧客開拓なら「取引先候補をネットで検索する」、読書習慣をつけたければ「1ページだけ読む」、気の重いメールへの返信なら「最初の1行だけ入力する」、気まずい関係になった相手への連絡なら「相手のＬＩＮＥのトーク画面を開く」。こんなイメージです。

「なんだ、そんなこと？」と笑ってしまうかもしれません。それくらい簡単なことでも、手をつければ「せっかくだから、もう少しやってみよう」という気持ちが生まれ、結果的にやるべきことが進んでいきます。

何もしなければ永遠にゴールにはたどり着けませんが、ベイビーステップならば少しずつではあっても、確実にゴールに近づいていくことができるのです。

すぐやる

笑っちゃうような簡単なことから始める。

30

自分が心地よくなれる小さなルーティンを持つ

■ルーティンで気分のムラをなくせば頭の中がスッキリする

いつでも元気いっぱいで前向きな気持ちでいられればよいですが、なかなかそうはいきません。なんとなくだるい、力が出ない、落ち込み気味という日があって当然です。けれども、この気分のムラは、「すぐやる」の大敵です。そこで有効なのが、仕事に入る前や勉強を始める前の「ルーティン」を持つことです。

ルーティンがあると、その日が晴れでも雨でも、気分が乗らなくても、同じ状況で物事を始めやすくなります。余計な雑念に振り回されないため、頭の中がスッキリしますし、毎日決まった動作を決まった順番にすることでエンジンがかかり、気合いを入れたりせずとも、やるべきことにすぐ取りかかれるようになります。

逆に、その日の気分で何となく1日を始め、1日を終えていては、毎日のリズムがバラバラになってしまい、頭の中が混乱してイライラしてしまいます。

私も、コロナ禍をきっかけに自己管理の難しさを感じ、仕事に入る前の朝のルーティンをつくりました。コロナ禍で在宅ワークの時間が増えたことで朝の時間帯に家にいる日が増え、ついついテレビのワイドショーを見てしまっていたのです。

Message　我々自身は繰り返し行なっている行動によりつくられる。──アリストテレス（古代ギリシャ哲学者）

生活のリズムが崩れると、「ああ、また今日も仕事の取りかかりが遅かった」「あれもこれもやらなきゃいけないのに、自分は何をやっているんだろう」などと余計な雑念が頭を占めるようになり、思考が乱れてしまいます。

そこで、朝起きてから仕事に取りかかるまでの1時間のルーティンをつくり、それが終わったら仕事に入れるような流れをつくりました。朝のルーティンを実践するようになってからは、テレビをダラダラと見ることがなくなり、起床後1時間で自然と仕事を始められるようになっています。

■ルーティンは日常の無意識の動作を組み合わせて

では、ルーティンをどうやってつくればいいのでしょうか。これにはコツがあります。それは、ゼロから組み立てるのではなく、日常ですでにやっている行動と組み合わせることです。意識せずともしている歯磨きや朝食、身じたくなどとうまく組み合わせて、自然な流れで仕事が始められるように考えてみてください。

私の場合は、起きてすぐに白湯を飲むこと、朝のストレッチ、朝食の3つがすでに習慣化されていました。そこに短めの読書やニュースチェック、ToDoリストの整理・確認を組み合わせて、朝のルーティンとしています。

朝起きてすぐにパソコンの電源を入れる、仕事の前にデスクを拭く、お湯を沸かしてコーヒーを入れる、メールチェックをしてから仕事を始めるなどの習慣がすでにある人は多いでしょう。そうした無意識の動作を活用してルーティンを組み立ててみましょう。

■夜もルーティンをつくって、1日の終わりをポジティブに

ルーティンに関して、もう1つおすすめしたいことがあります。それは、1日の始まりの朝だけでなく、1日の終わりである夜にもルーティンを持つことです。

人間は1つの経験に対して、もっとも感情が高まったとき（ピーク）の印象と最後（エンド）の印象で全体的な印象を判断するといわれており、これは「ピーク・エンドの法則」と呼ばれています。

この法則をふまえると、**できるだけよい印象で1日を終えることが、ポジティブな気持ちで明日を迎えることにつながります。**1日の終わりである夜にもルーティンがあったらなおよいのです。

私の場合、夜のルーティンは朝の半分の30分です。筋トレ、GOOD&NEWの記録、翌日のToDoリストの作成をセットにしてルーティンとしています。

GOOD&NEWとは、「よかったこと」と「新しい出来事」のこと。1日を振り返ってGOOD&NEWを3行程度ノートに書いています。GOODとNEWの両方書いてもいいですし、片方だけでもOKのゆるいルールです。

GOOD&NEWの記録を一日の終わりにやってみると、マイナスのことが多かった日でも、感情をプラスに変えて眠りにつくことができます。GOOD&NEWの印象で1日を終えることができるのでおすすめです。

GOOD&NEWのメリットはまだあります。記録することがルーティンになると、朝からよいことや新しいことに意識を集中して1日を過ごせるようになります。「今日は1日、赤色だけを見よう!」と決めて過ごすと、赤色のものばかりが視界に飛び込んでくることを「カラーバス効果」と呼びます。GOOD&NEWには、よいことや新しいことに着目してネガティブなことにとらわれすぎることを防ぐ、カラーバス効果のような作用もあるのです。

■無理やりテンションを上げる必要はない

ルーティンの目的は、気分のムラをなくして淡々と取りかかれるようにすることですから、無理やりテンションを上げる必要はありません。

ただ、せっかくなら、気持ちよく行動できるようにしたいもの。「好きなアニメのテーマソングを聴きながらパソコンを立ち上げる」「大好きな紅茶を飲む」など、心地よい行動をルーティンに含めることによってリラックスした状態をつくり、やるべきことに取りかかりやすくするのはよいことです。

いろいろ試しながら、自分にぴったりのルーティンを探すのは楽しいもの。自分なりの心地よいルーティンを見つけてみてください。

すぐやる

ルーティンで日々のリズムをつくり、頭の中をスッキリさせる。

31
「三日坊主上等！」短期間だけ集中して動いてみる

■目標は「日単位」「週単位」の短期間で設定する

長期間頑張ろうとすると、途中で息切れしたり、ゴールまで先が長いことで気が重くなり、動けなくなったりすることがあります。特に未経験の分野にチャレンジする際は、うまくいくだろうかという不安が大きくなるので、長期間頑張ることが苦痛になりがちです。

そこでおすすめしたいのが、テーマを決めて、短期間だけ頑張ることです。何か始めるときは、いきなり月単位や年単位といった長期間で動こうとしないほうがいいでしょう。日単位や週単位の短期間に区切り、小さな挑戦を積み重ねるほうがうまくいきます。

たとえば、「今年は資格試験の勉強を頑張ろう」ではなく、まずは「1週間だけこの単元のテキストを読もう」というように短期間で到達できるゴールを設定するのです。

新年の目標のように、意気込んで1年単位の計画を立てても、時間が経つにつれてモチベーションが低下し、途中で行動が止まってしまったことはありませんか？　私自身、そういう苦い経験を繰り返してきました。

そんな状況を打開したいと思ってたどりついたのが、短期間だけ頑張るやり方です。

このとき、単純に短期間頑張るのではなく、自分なりの「強化週間」や「強化キャン

Message　人生の特性を決定するのは、日常の小さな事柄であって、偉大な行動ではない。──カール・ヒルティ（法学者）

ペーン」をつくると、頑張ること自体が楽しくなってきます。

「三日坊主」は、短期間でやめることを戒める意味で使われている言葉ですが、三日坊主でもいいのです。10回繰り返せば30日頑張ったことになります。一回一回の歩みはたったの3日でも、積み重なればずいぶん大きな前進になることがわかります。「三日坊主上等！」の意識でいきましょう。

たとえば、朝活をしたいけれど続かない。そんなときには3日間だけ「早起きチャレンジキャンペーン」を開催してみてはどうでしょうか。思ったより早起きが気持ちいいものだとわかり、キャンペーン期間が終わっても早起きを続けられるかもしれません。

ダイエットを決意しても続かないと悩む人は、1週間だけ間食しない「間食なし週間」を取り入れてみましょう。我慢できたことが自信となり、その後の食生活改善につながる可能性があります。

SNSでの発信力をつけたい人は、「SNS強化週間」を設けて1日1投稿を1週間続けてみてもいいですね。

■「○○強化週間」を開催する3つのメリット

このように、自分なりの「○○強化週間」を頻繁に開催するメリットは3つあります。

1つ目は、すぐ行動に移せることです。長期間の目標を立てると「こんなに長く続けられるだろうか」と不安になりますが、数日や1週間の区切りなら心理的負担が減りますし、短期間でできることには限りがありますから、失敗の確率もおのずと下がります。

2つ目は、数日、1週間ごとに別のやり方を試せることです。仮に最初の1週間がうまくいかなくても、次の「強化週間」で調整することができます。合わないやり方を続けるリスクも下がります。

3つ目は、自己肯定感が高まることです。成功体験を短期間で小刻みに積み重ねることで自信がつき、次の行動も起こしやすくなります。

長期の目標を長い時間をかけて達成するのもいいですが、自分なりの「○○強化週間」をたくさん開催すれば充実感も何倍にもなりますからおすすめです。

すぐやる

短期間集中を何度も繰り返す。

32

「プランB」があれば、いざというとき慌てずに済む

最初の計画通りにいかないことを想定して…

代替案を1、2個にぎっておこう！

日常生活ではプランBを用意していることが多い

タスクを小さくして行動に移しやすくしても、ビジネスシーンでの重要な業務などの場合は、失敗が怖くて足がすくみ、動けない――。そんなことがあるかもしれません。

そういうときのために、何かを始めるときは代替案を用意しておくことをおすすめします。本来の計画であるプランAがうまくいかなかったときに備えて、前もってプランBまで準備しておくのです。

日常生活の中で、私たちは当たり前にプランBを持っていて、不測の事態に対応しています。たとえば、受験のときに滑り止め（プランB）として併願受験をする、晴天時でも折りたたみ傘（プランB）をバッグに入れておく、といったことを自然に行なっていませんか？　また、スマホのバッテリーが切れたら困る出張先や旅行先で、モバイルバッテリーを携帯している人も、プランBを用意していることになります。

このプランBを持つ思考ルーティンを仕事を含めたさまざまな場面で、意識的に使っていくと、行動を起こす不安が軽減され、すぐ動き出せるようになります。

ビジネスのように緊張する場面でも、うまくいかない可能性を考えて、プランBまで用

Message　最も成功する人は、プランBが得意な人である。―ジェームズ・ヨーク（数理物理学者）

意しておくと、安心してフットワーク軽く行動することができます。たとえば、顧客との価格交渉は気の重い仕事ですが、それはプランAしか用意していないからかもしれません。「標準価格での提案」というプランAに加えて、「値引きはしないが、保証期間延長や追加サービスのような付加価値をつけた提案」といったプランBも準備してみましょう。プランAが拒否されたとしても、慌てず淡々とプランBに切り替えればいいわけですから、ずいぶんと気持ちがラクになるはずです。

プランBはビジネスだけでなく、人づき合いでも役立ちます。

たとえば、初対面の人と話すときには「趣味の話を振ってみて、反応が薄ければ家族かグルメの話を振る」といったようにプランBを常に用意しておくと安心です。

食事会の店選びでもプランBは欠かせません。和食だけでなく、洋食の店も考えておく、夜の飲み会が難しい人がいることを考えてランチのパターンも想定しておく、といった具合です。

何か始めるときにはスムーズな前進を期待せず、常に「何か起きるかもしれない」と考えて代替案を持っておきましょう。「何か起こっても、プランBに切り替えればいいから」

という心の持ちようが心理的な負担を軽くして、行動を起こしやすくしてくれます。

失敗が許されない場面ではプランCまであると安心

普段はプランBまであれば十分ですが、失敗が許されない場面では、プランCまで準備しておくと、さらに不安を軽くすることができます。案を3つ考えることになるので少々準備に時間はかかりますが、失敗の恐怖に足がすくんで動き出せないよりはずっといいでしょう。それに、代替案を持っておくことで不安が軽減されて着手までのスピードは速くなるので、代替案がまるでないときに比べると、案を3つ考える時間を差し引いても時間的余裕が生まれます。

ただし、プランDまで考えるのは準備に時間がかかりすぎるので、あまりおすすめしません。常に代替案を1、2個用意しておけば十分です。

すぐやる

不安なときは代替案を1、2個用意して気持ちの負担を軽くする。

33

1人でうんうん唸っているくらいならChatGPTに「外注」する

■ＡＩなら即座に80点のたたき台を出してくれる

やるべきことはわかっているけれども、やり方がわからない。人に聞きたいけれども、「こんな簡単なことも知らないの？」と思われるのが怖い――。

そんなときは、便利なツールを積極的に利用して、すぐやることを後押ししてもらいましょう。今ならChatGPTのようなＡＩを使わない手はありません。

ChatGPTが発表された２０２３年時点ではまだ使い方が手探り状態でした。けれども、今では活用方法がネットや書籍にいくらでも紹介されています。使ったことがなければ、ぜひこの機会に使ってみてください。

相談相手がＡＩなら、どんな稚拙な質問をしてもバカにされる心配はありません。どれだけ使っても感情を入れずに即座に答えてくれます。文句をいわれることもありません。

1人で頭を抱えて手が止まるぐらいなら、ＡＩにどんどん「外注」すればいいのです。

「ＡＩの出す答えはいい加減で信用できない」と思っている人もいるかもしれません。けれども、いい加減なのは人間も同じです。最初から完璧な答えを出せる人はなかなかいないものです。そう考えれば、ＡＩに聞くのも、人に聞くのも変わりはありません。

Message　10秒考えてわからないものは、それ以上考えても無駄だ。―孫正義（ソフトバンク創業者）

何もない状態から企画を考えたり、文章を書いたりするのは時間がかかりますし、心理的なハードルが高いものです。けれども、ＡＩはゼロイチを生み出すのが得意です。しかも、すぐやることに長けています。

人間が30分経ってようやく書き始める文章も、ＡＩなら即座に80点のたたき台となる文章をアウトプットしてくれます。そこに自分のアイデアを加えることで、すべてを自力で進めていたときよりも短時間で80点＋αの文章をつくることができます。

しかも、ＡＩは疲れ知らずです。人は案をいくつか考えたらアイデアが枯渇してしまいますが、ＡＩなら代替案を指定した数だけ、何度でも考えてくれます。もちろん、そのすべてが使える案ではないかもしれませんが、たくさん出してもらった代替案の中にはキラリと光る部分もありますから、それを磨いていけばいいのです。

新規事業のアイデア出し、アンケートの設問作成、プレゼン資料の構成案やタイトル案作成、メールやビジネス文書の作成、新入社員向けの研修カリキュラム作成など、仕事でＡＩを活用できる場面は多々あります。

仕事はもちろん日常生活にも使える「優秀なアシスタント」

ＡＩは日常生活のさまざまな場面でも活用できます。

たとえば、義父母の誕生日に何をプレゼントしたらいいのか、毎年悩んで、いつも用意するのがギリギリになってしまうといった場合も、ＡＩを活用してみましょう。「○歳の義父の誕生日プレゼントに何を選べばいい？　予算は５０００円程度で」と聞けば、適切な候補を即座に挙げてくれます。「やらなきゃ」と思いつつ後回しにしがちなことも、ＡＩを使えば、行動に移すハードルをかなり下げることができるのです。

このように、ＡＩはやり方がわからなくて躊躇している場面で、特にその力を発揮します。行き詰まって、次の一歩が思いつかないときは、「頼んだことをすぐ実行してくれる、疲れを知らない優秀なアシスタント」と考えて、どんどんＡＩに仕事を頼みましょう。

すぐやる

すぐやるためなら、ＡＩを使うのもためらわない。

第4章

どうしてもすぐやれないときは「環境」を整えよう

重い腰を上げるには、思考整理だけでなく、環境を変える方法もあります。自らを変える内部の力ではなく、環境など外部の力を活用し、行き詰まりを解消する方法を知れば、いつでもフットワーク軽く動き出せるようになります。

34

うまくいかないときは環境を5W1Hで見直してみる

煮詰まったら環境を変えてみる!

■思考を変えてもダメなときに見直したい「環境」

ここまで、すぐやる人の「思考パターン」（第2章）や頑張らなくてもすぐやれる「思考ルーティン」（第3章）を紹介してきました。

しかし、それでもすぐ動けないときがあると思います。そういうときは、5W1Hの視点で環境を見直してみるのがおすすめです。

- **Why（なぜ／何のために）** 意味づけを変えてみる
- **What（何）** 一時的にほかの作業に手をつけてみる
- **When（いつ）** 作業の時間帯、順番を変えてみる。午前と午後の予定を入れ替える
- **Where（どこ）** カフェで仕事をしてみる、出張中や移動中に仕事をしてみる、ワーケーションをしてみる
- **Who（誰）** 仲間づくり、ロールモデルを見つける、仲間と成果や進捗をシェアする
- **How to（どのように）** 使いたくなる文房具やデバイスを手に入れる、ごほうびを用意する、BGMを変える

Message 環境は人間の最も強力な教え手である。—アリストテレス（古代ギリシャ哲学者）

■作業に飽きたら環境を変えることを考えてみる

毎日のように同じ作業や行動スタイルを繰り返していると、煮詰まって新しいアイデアが思い浮かばなくなったり、飽きてきたりすることがあります。同じ場所、同じ風景、同じ机、同じ飲み物、同じBGM……。それが落ち着いて仕事を進めるためのルーティンとして働いているときはいいのですが、緊張感やわくわく感がなくなってくると、行動の先延ばしにつながってしまうことがあります。

そんなときは、環境を思いきって変えてみてください。気持ちがリフレッシュして、すぐ行動を起こせるかもしれません。

わかりやすい例としては、「場所」を変えることです。決まった場所で仕事をすることに集中できないときは、コワーキングスペースやカフェ、図書館など、これまでとまったく違う環境に身を置いてみましょう。私の友人には、会社の営業車の中が落ち着くという人、社外の会議室を予約する人、カラオケボックスが集中できるという人など、少し変わっているけれど、自分に合った場所を見つけて仕事をしている人がたくさんいます。

特に自宅で一人きりで仕事をしている人は、他人が周囲にいることで、その存在が刺激となり、作業効率が上がる社会的促進（ソーシャル・ファシリテーション）の効果が期待できます。

また、無音よりも、適度な雑音があるほうが人間の脳の創造的思考に関連する部位が刺激されて、創造性が高まるという研究結果もあります。「今日は自宅で集中できないな」と感じたら外に出てみましょう。

場所を変えるのが難しければ、いつもの環境を少し変えてみてください。仕事のときに飲むコーヒーを紅茶やハーブティー、緑茶に変える。マグカップをとっておきの有田焼のカップにする。普段無音で仕事をしているなら、小さな音量で環境音やクラシック音楽を流してみる。座りっぱなしの人は立ち上がって3回背伸びをしたり、遠くを眺めてみたりするのもいいでしょう。

すぐやる

何をしてもダメなときは環境を少し変えてみよう。

35

「スタート期限」を設ければ目の前のことに集中できる

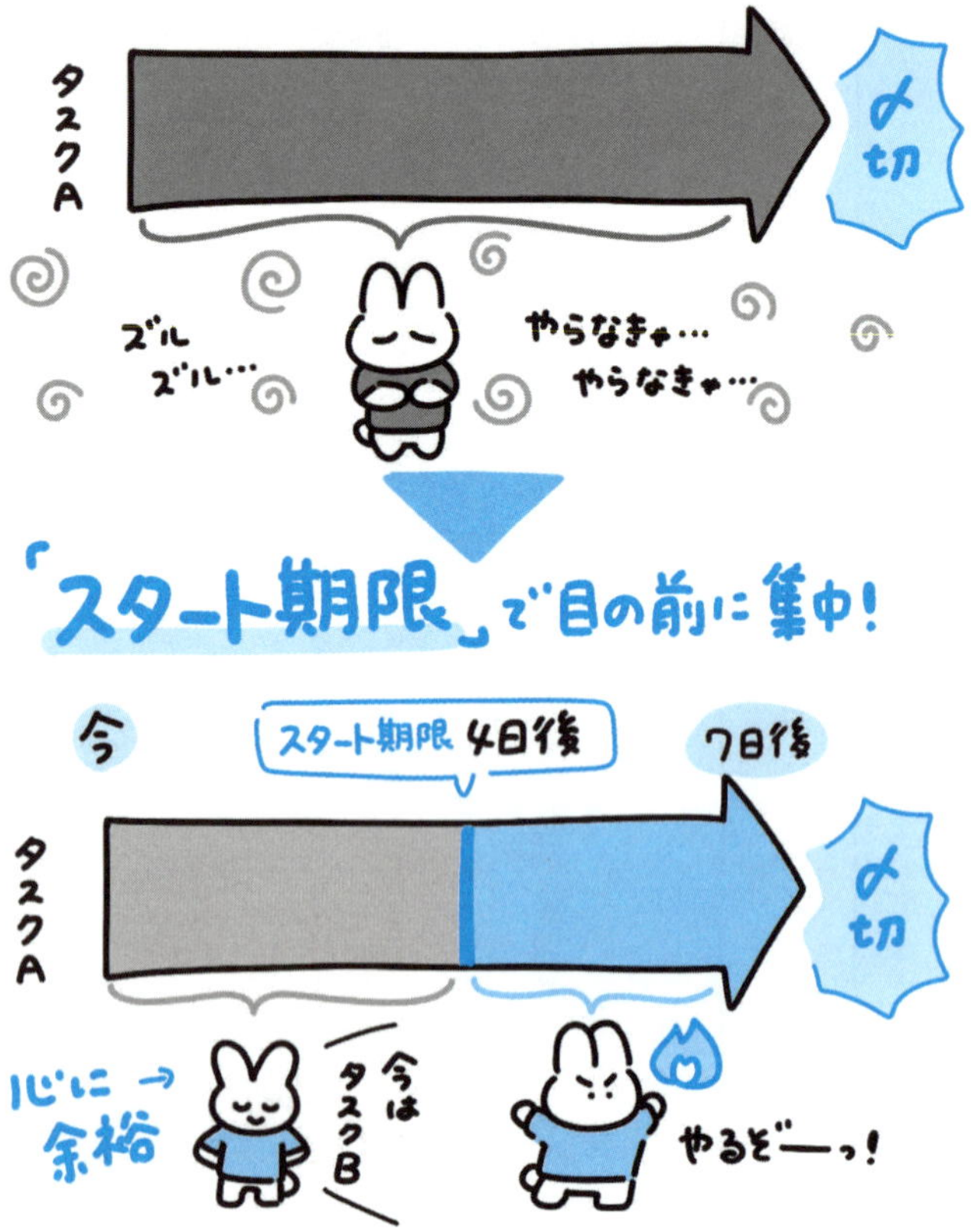

3日で終わる仕事に1週間かけてしまう理由

仕事を進めるうえで、「締め切り」や「期限」を意識している人は多いでしょう。けれども、「いつ取りかかるか」という開始する期限を明確に決めている人は意外と少ないようです。私はこれを「スタート期限」と呼んでいます。

スタート期限を決めずにいると、「まだ時間はある」と思って先延ばしにしてしまいます。結局、締め切り直前にようやくお尻に火がついて、大慌てで仕事を終える。そして、「もっと早く手をつければよかった……」と後悔することが多くなります。

私たちは、特に中長期の仕事や、手をつけるのに気が重い仕事ほど、先延ばしにしがちです。イギリスの歴史学者であるシリル・ノースコート・パーキンソンは「仕事の量は完成のために与えられた時間をすべて満たすまで膨張する」といっており、これは「パーキンソンの法則」と呼ばれています。

私たちは、**締め切りまで1週間ある仕事なら、たとえ3日で終わるとしても、丸々1週間の時間をかけてしまう生き物なのです。**ですから、「今年中にやればいい」と漠然と考えていると、「まだ時間はあるから」と、手をつけるタイミングを後回しにしてしまいます。

そこで役立つのがスタート期限です。「○月○日から始める」とスタート期限をスケ

Message いつかできることはすべて、今日もできる。──モンテーニュ（哲学者）

ジュール帳で見える化しておくと、行動を起こしやすくなります。また、スタート期限があれば着手のタイミングを逃しませんから、先延ばしの心配も少なくなります。さらに、スタート期限までは、その仕事を頭の中から消し去ることもできるので、安心して目の前の仕事に集中できます。

スタート期限は、心理学者のクラーク・L・ハルが提唱した「ゴール勾配効果（Goal Gradient Effect）」で説明できます。これは、ゴールに近づくほど達成への行動が加速するという現象です。たとえば、マラソンの最後の数百メートルでスピードが自然と上がる、チェックリストの項目が残り1つになると急に作業が進む、のように、目標が近づくことが目に見えてわかるとやる気が高まる、というのがわかりやすい例でしょう。

■ スタート期限を設定するときの4つのポイント

スタート期限は仕事だけでなく、資格試験や英語の勉強、ブログの執筆、引っ越しの準備、確定申告など、あらゆる場面で活用できます。ただ、スタート期限を設定しても締め切り前に慌ててしまうときは、次の4つのポイントを参考に設定の仕方を見直してみてください。

1つ目のポイントは、ゴールから逆算してどれくらいの時間が必要かを正確に見積もることです。見積もりが甘いと、いくらスタート期限を設定しても間に合わなくなります。

2つ目は、何でもかんでもスタート期限を設定する必要はないということです。5分で終わるようなタスクは、スタート期限を考える前にすぐ動いてしまいましょう。

3つ目は、大きな仕事は細かく分割したうえで、スタート期限を設定することです。たとえば、数十ページのレポート作成なら「リサーチのスタート期限」「構成案作成のスタート期限」「執筆のスタート期限」と細かく設定すれば、締め切りに間に合わなくなる確率をかなり下げることができます。

4つ目は、ストレスが少ない日をスタート期限にすることです。先延ばししてしまう理由の1つとして「取りかかる気分になれない」という心理的なハードルがあります。月曜日や金曜日のように仕事が多くてバタバタしている日、繁忙期のように疲れているタイミングはできるだけ避けて、自分が集中できそうな日を選ぶようにしてみましょう。

すぐやる

締め切りを決めるときは「スタート期限」もセットで決めよう。

36

推しからのリマインドメッセージをスイッチにする

■意外と活用されていないリマインダー

タスクを覚えておいたり、思い出したりするのには、意外とエネルギーが必要です。また、自分の記憶頼みだと、大事なタスクでもコロッと忘れてしまうことがあります。けれども、自分の記憶に頼らずに済むようにしておけば、タスクを思い出して行動に移すまでのハードルが格段に下がります。そこで役立つのが、予定やタスクを忘れないように通知してくれるリマインダーです。

リマインダーを使えば、やるべきことや覚えておくべきことを外部化しておけるので、頭の中で覚えておく負担が減ります。忘れないように事前に通知もしてくれるので、行動のタイミングを逃しませんし、行動のきっかけにもなります。

このように便利なリマインダーですが、意外と活用されていないと感じています。使っているとしても、目覚まし時計やキッチンタイマー程度の使い方の人が多いようです。セミナーの受講生に聞いてみたところ、約3分の2の方がパソコンやスマホのリマインダーを活用していないと回答しました。

すぐやるハードルを下げてくれる便利な機能なのに、活用されていないのはもったいな

Message　世界を動かそうと思ったら、まず自分自身を動かせ。――ソクラテス（古代ギリシャ哲学者）

いことです。日中、私たちは仕事に家事にと、やらなければいけないタスクが満載です。それらをいちいち覚えておいたり、思い出したりするのは大変でしょう。漏れも出てくるかもしれません。やるべきことを適切なタイミングで思い出して、取りかかりをスムーズにするために、リマインダーが非常に役立ちます。扱いの難しいものではないので、目覚まし時計と同じような気軽さで使ってみてください。

■リマインダーが持つ3つの役割

リマインダーの役割は大きく分けて3つあります。

1つ目は、予定や期限を知らせてくれる役割です。これはリマインダーのもっとも基本的な機能といってよいでしょう。他人の絡む打ち合わせや会議、商談、面接、取材のような絶対に忘れてはいけない予定、仕事の締め切りや提出物の期限などはリマインダーに入れるべきです。予定や期限がわかったタイミングで、通知されるように設定しましょう。

2つ目は、日々のやるべきタスクを知らせてくれる役割です。ＴｏＤｏリストの感覚でタスクをリマインダーに入れておきましょう。リマインダーに入れておけば、忘れそうなタスクであっても通知がくるので、漏れがなく確実に仕事をこなしていくことができます。

3つ目は、自分を奮い立たせる役割です。中長期の目標は、目先のタスクに集中しているとついつい後回しにしたり、忘れたりしがちです。そうした中長期の目標もリマインダーに入れておけば、定期的に目標を意識して行動しやすくなります。

■リマインダー設定のコツ

リマインダーは予定やタスクを知らせてくれるばかりではなく、使い方によってはコーチのように、あなたの頑張りに伴走してくれるような役割を果たしてくれます。

では、具体的にどのようにリマインダーを設定すればいいか、3つの役割別に具体例を挙げて説明しましょう。

①予定や期限を知らせてくれるリマインド

このリマインドはシンプルです。仕事ならば、「9時　チームの定例会議」「10時30分　クライアントAさん商談」「13時30分　B社訪問」「17時　企画書提出期限」のように予定を入れ、それぞれの予定の前にリマインドの通知が届くように設定しましょう。たとえ忘れていたとしても、通知がきた時点で動き出せば間に合うように、時間に余裕を持たせるのがコツです。

②タスクを知らせてくれるリマインド

日々やるべきタスクもリマインダーに設定しましょう。①で決めたスケジュールを守るために、必要なタスクをつくってリマインダーに設定しておきます。148ページで紹介したベイビーステップを活用して、タスクは深く考えなくても取りかかれるサイズに小さくしておくことがおすすめです。また、タスクの所要時間まで合わせて入力しておくとなおよいでしょう。「6時　子どものお弁当準備（30分）」「8時　ＴｏＤｏリストの整理と確認（10分）」「9時　メール返信（30分）」「18時　ジム（1時間）」「21時　資格試験の勉強（1時間）」のように設定しておけば、通知をきっかけにすぐ動くことができます。

③自分を奮い立たせてくれるリマインド

中長期の目標達成に伴走してくれる「コーチ」と考えて使いましょう。私が実際に設定しているリマインダーの1つを例に挙げると、「3キロ痩せるために今日は何をする？」というメッセージが朝食の時間に届く、というものがあります。このメッセージを見ると、「ハッ」と気持ちが動かされ、その日一日の食べ過ぎを抑制してくれていると感じています。そのほかにも、夜の勉強の時間に「資格試験まであと○日！　もうひと頑張りしよう」などと通知を送ることで、目標を思い出させてもらえますし、励ましをもらう気分が味わえます。

通知の文章は好きなキャラクターの口調にしたり、スパルタコーチの口調にしたり、友人のように寄り添ってくれる口調にしたりと、工夫してみてください。最近では、推しの写真を設定してリマインドの文章を入力すると、推しからリマインド通知がくる気分を味わえるアプリまで登場しています。「推しからリマインドがきたら頑張れるのに……！」と思っている人にはぴったりです。

さっそく今から1つ、リマインダーを設定してみてください。きっとあなたのアシスタントとして、励ましてくれるコーチとして活躍してくれるはずです。

すぐやる

リマインダーに背中を押してもらおう。

37

モノを定位置管理して取りかかりのストレスをなくす

すぐやることを邪魔する「探し物」

仕事や勉強に取りかかるとき、必要な資料や文房具を毎日のように探していませんか？大手文具メーカーのコクヨが２０２２年に行なった調査によると、仕事中、何らかの「探し物」に充てている時間は、１日平均13・５分。年間に換算すると54時間という結果が出ています。

モノの定位置が決まっていないと、探し物をする時間が増えます。その結果、作業の開始が遅れ、そのことがストレスになって行動を起こすのが嫌になってしまいます。行動を始めるハードルが高くなってしまうのです。

意志の力に頼らず、スムーズに仕事に取りかかれるようにするために、モノの定位置を決めておくのも１つの方法です。資料、ペンや付箋、はさみなどの文房具のような毎日使うものの収納場所が決まっていないのであれば、この機会に決めてみてください。**モノの定位置が決まっていれば、モノを探すために脳を使う必要がなくなり、その分のリソースを行動に集中させることができます。**つまり、すぐやる状態をつくれるのです。

強制や罰則を伴わず、環境を工夫することで人が望ましい行動を自然に選ぶように促す「ナッジ（nudge：そっと後押しする）」と呼ばれる行動科学の手法があります。モノを定位置

Message　整理整頓にかける1分が、1時間の余裕を生む。――ベンジャミン・フランクリン（政治家・外交官）

に配置することもナッジの1つです。必要な道具を決まった場所に置くことで、使いたいときにすぐ手に取ることができ、行動をスムーズに始められます。環境を整えることで、望ましい行動を後押しすることができるのです。

■ズボラな人ほど向いている定位置管理

モノの定位置管理を実践している企業は意外と多いものです。私がかつて勤務していた会社では、机の上に置いてよいものが決まっており、その配置図も配られていました。しかも、引き出しの中の収納ルールまで明確に決められていたのです。

最初は驚きましたが、モノの定位置を決めて、使い終わったら必ずそこに戻すことで「あれはどこにいったっけ?」と探す時間がまったくなくなったことに気づきました。「見つからないから後回しにしよう」という先延ばしもなくなりました。

一見、厳しいルールのように思われるかもしれませんが、社内では好評で、一度定位置を決めたら考えずに片づけができるので、とてもラクでした。案外、ズボラな人ほど向いている方法なのかもしれません。

この会社で働いたおかげでしょうか。起業から20年以上経った今でも、私の仕事部屋のレイアウトやデスク周りのモノの位置は基本的に変わりません。ストレスなくモノを見つけることができ、すぐ行動に移すことに役立っています。

その後、思考の整理家®としてさまざまな企業で研修や講義をする際にも、同じような企業を目にしてきました。ある製造業の会社では、収納場所に工具のイラストが描かれており、使い終わった工具をパズルのように該当の場所に置いたり、引っかけたりするだけでモノが片づく仕組みをつくり上げていました。

この定位置管理の方法は、保育園や幼稚園でも取り入れられています。おもちゃのイラストが棚などに描かれていて、子どもたちはそこにおもちゃを収納することを自然と学べるのです。つまり、この方法は、小さな子どもでもストレスなく片づけることができる仕組みであるということです。

定位置管理を実践するための5つのコツ

最後に、私が実際に意識している定位置管理を実践するための5つのコツをお伝えしましょう。

①よく使うものから定位置を決める

頻繁に使うものほど、手が届きやすい場所に配置する。

例：パソコンの充電器はデスクの右端に固定する。

②目印をつける（ラベリング）

収納するものと収納場所にラベルを貼って、どこに何があるかをわかりやすくする。

例：書類のファイルに「経理」「企画」といったラベルを貼り、該当の収納場所にも同じラベルを貼る。

③使ったら必ず定位置に戻すルールをつくる

「使ったら元の定位置に戻す」を習慣化することで、定位置管理が定着する。

例：玄関の鍵は、帰宅したら玄関のフックに戻す習慣をつける。

④定期的に見直し&改善をする

使いにくいと感じることが出てきたら、定位置を見直して調整する。
例：ペン立ての定位置が机の奥だと取り出しにくいと感じたら、手前に移動する。

⑤「7割収納」を意識する

モノを詰め込みすぎず、余裕を持たせることで取り出しやすくする。
例：引き出しの中をいっぱいにせず、7割程度しかモノを入れないようにするとスムーズに使える。

自分のワークスタイルや生活スタイルに合わせた定位置管理で、すぐやるためのストレスフリーな環境を楽しみながらつくってみませんか？

すぐやる

よく使うものは定位置を決めよう。

38

ノウハウコレクターやセミナー中毒者にならない

情報収集だけでは永遠にゴールできない

コロナ禍で、オンラインセミナーが当たり前になりました。対面のときと比べて参加費が安い場合が多く、自宅で気軽に参加できるため、以前よりも低いハードルでセミナーに参加できる環境にあります。

意識が高く、ノウハウをたくさん持っている人や勉強好きな人ほど、自分なりの正解を絶えず追い求め、もっとよいやり方はないかとセミナーや勉強会を渡り歩くことが多いようです。その背景には、自信をつけたい、知識武装したいという欲求が隠れている場合もあります。

けれども、本当に大事なことは何でしょうか？　ここまで本書を読んできたあなたはもうおわかりだと思います。そう、行動してゴールに到達することです。

情報収集や勉強に熱心なのは素晴らしいことですし、大事なことです。ただ、これだけは思い出してほしいのです。**どれだけ第一人者や専門家の本を読んだり、セミナーを受けたりしても、行動しなければ永遠にゴールに近づくことはできません。**インプットの環境に身を置きすぎると、知識欲を満たすことはできますが、すぐやる行動からは遠ざかってしまうリスクがあります。インプット環境に染まりすぎてノウハウコレクターやセミナー中毒

Message　頭のいいといわれる人間に限って、勉強ばかり熱心で、結局何も実行しない。──柳井正（ユニクロ創業者）

者になっていないか、一度、自分を見つめ直してみてください。

■あれもこれもではなく、まずは1つ実践してみる

知識を仕入れることばかりに熱心になり、インプットが多くなりすぎると、どれが一番よい方法なのかを考える必要が出てきて、行動に移るまでのハードルがますます高くなってしまいます。今はYouTubeやInstagramなどのSNSでその道のプロが、自身のノウハウを惜しげもなく公開してくれています。簡単に情報を得られる反面、自分で選択する負担が大きくなるということを知ってほしいのです。

単純な話ですが、方法を1つしか知らなければ、その方法で行動するしかありません。ですが、行動すれば、問題点が見えてきます。そうなったときに、初めて別の方法を探せば十分なのです。

たとえば、ファッションセンスを磨きたいと思ったとき、誰か1人をお手本にして、その人がすすめている通りに服を選んでみてください。今は、骨格診断やパーソナルカラー診断、顔タイプ診断など、さまざまな考え方がいわれていますが、あれもこれも取り入れようとすると、どうしたらよいかがわからなくなってしまい、判断ができず、結局、何も

しないということが起こりがちなのです。

ビジネスシーンでも同じです。オンラインセミナーにたくさん参加しているけれども、学ぶことに満足して、行動が後回しになっていませんか？　せっかく学んだ方法を一度実践してみましょう。

起業セミナーに通ってさまざまなビジネスモデルを学んでいるけれども、「まだ準備が足りない」と思い、いつまでも起業セミナーを受け続けて行動しない例も見受けられます。一度小さく始めてみると、自分に足りないものがはっきりするので、より効率的な情報収集ができるようになります。

行動しなければ見えてこないことがありますので、ノウハウ集めはほどほどにして、アウトプットに集中してください。インプット環境から卒業し、アウトプットだけに集中する環境に身を移していくことが、あなたをすぐやる人に変える秘訣なのです。

すぐやる

いったんインプットをやめて、アウトプットに切り替える。

39

「ゲーム化」で面倒なタスクを攻略する

■面倒なタスクにはゲーム要素をプラスする

目標に到達するプロセスの中には、面倒なタスクに手をつけなければならないこともあります。そうであれば、少しでも楽しかったり、ラクに見えたり、嫌ではないものにできたりすれば、行動が促されます。

気が重くなってしまうようなタスクは、ゲーム化することを考えてみましょう。これは、「ゲーミフィケーション」と呼ばれていて、教育、ビジネス、健康管理などの分野で、ポイント、バッジ、ランキング、クエストなどのゲーム的要素が活用されています。ただし、複雑なルールは一切不要です。考えるのが大変ですし、かえってすぐやることから遠ざかってしまいます。単純なゲーム化の例をいくつか紹介しますので、自分のタスクと組み合わせてみましょう。

■タスクをゲーム化できないか考えてみよう

①スタンプカード方式

1つのタスクを完了するごとに、手帳やカレンダーにスタンプを押します。スタンプが10個たまったら、好きなおやつや飲み物、映画鑑賞などを楽しんでよいと決めましょう。

Message 一生懸命働く人は素人である。楽しんでやるからこそ百パーセントの力が出るのだ。──平澤興(医学者)

スタンプで進捗が視覚的にわかるので、「もっとやりたい」という気持ちが高まります。これは、178ページでも紹介した「ゴール勾配効果」という心理的な傾向があるからです。人は目標が近づくにつれて、行動や努力が加速します。なぜなら、目標が間近になることで達成への興奮が高まり、より早く目標を達成しようとする意欲が増すためです。

1日のスタンプ数を記録して、自己ベスト更新や目標数を達成したときに特別な報酬を得られるように決めておくと、さらに楽しく面倒なタスクに取り組むことができます。

②ポイント方式

やるべき仕事をリスト化し、それぞれの仕事の難易度ごとにポイントを設定しておきましょう。

たとえば、「メール返信＝5点」「資料作成＝10点」「クライアントとの打ち合わせ＝15点」のように点数を決めます。午前の終わりや1日の終わりに点数を合計して、30点以上なら好きな飲み物を買う、50点以上ならちょっと贅沢なランチを食べる、のように報酬を変えましょう。

③タイムアタック方式

「タイムプレッシャー効果」を知っていますか？　これは、作業時間の制限を設けることで集中力を高め、能力を引き出す効果です。焦りによって脳に負荷がかかり、脳の働きが活性化したことでパフォーマンスが向上していると考えられています。脳科学者の茂木健一郎氏も、タイムアタック勉強法を推奨している1人です。

「このタスクは30分で終わらせる」のような目標時間を設定して、タイマーをセットして集中して取り組んでみましょう。

大事なことはゲームそのものを考えることではなく、重要だけれども気が重いタスクにゲーム感覚で取り組めるようにすることです。

山積みのタスクはボスキャラのような強敵に見えるかもしれませんが、攻略法さえわかれば、意外とあっさり倒せることもあります。

すぐやる

ゲーム要素を入れて面倒なタスクを楽しくしよう。

40

1人で動けないときは「仲間」を探す

■コミュニティと仲間に背中を押してもらおう

「手詰まり感がある」「マンネリ化している」「張り合いがなくなってきた」「誰かと気持ちを分かち合いたい」という場合は、「仲間」を探してみるのも1つの方法です。

独りきりで頑張っていると、どうしても自分の意志や気分によって、行動にムラが出てきます。ですが、コミュニティに参加することで、外からの刺激が加わり、周りに感化されて自分も自然と動ける場合があります。「朱に交われば赤くなる」ということです。

同じ目標に向かって歩む仲間がいると、情報交換をして、よりよい方法を教えてもらえたり、フィードバックによって新たな視点を得られたりします。愚痴を言い合ってストレス解消もできるかもしれませんし、弱音を吐いたときに励ましてもらえるかもしれません。行動を起こしている人を見て、「自分も頑張ろう」と背中を押してもらえることもあるでしょう。

たとえば、読書を習慣にしたいと思っていても目の前のことを優先してしまい、なかなか本を開けないという人なら、読書会を探して参加してみるとよいかもしれません。「次の会までにこれを読み終える」という同調圧力がかかるので、読書の時間を確保して読めるようになります。感想をメンバーと共有することで、1人で読んでいるだけでは得られ

Message　場を選べ、人は場に染まる。──為末 大（陸上選手）

ない新たな視点を知ることもできますし、ますます次の読書への動機が湧いてきます。

スポーツでもコミュニティを活用することをおすすめします。運動の習慣がない人が1人で運動を始めるのはハードルが高いですが、ジムや教室を利用すれば仲間がいるので「自分もあの人くらいできるようになりたい」「競い合うのが楽しい」「仲間とおしゃべりができる」といった理由で継続しやすくなります。

仕事のスキルアップが目的のコミュニティ、起業や副業のためのコミュニティもあります。本やYouTubeを利用して独学するのもいいですが、同じ目標に向かう仲間が集う勉強会やオンラインサロンに参加すれば、先輩から実践的なアドバイスをもらえたり、仲間と情報交換ができたりします。クローズドのコミュニティでは失敗談を共有してもらえることもあるので、効率よくスキルアップする方法を学ぶことができるでしょう。

自らコミュニティという環境に飛び込むことで、1人では意志が弱くて動きにくくても、集団の中で起きる強制の力で自然と動けるようになります。行動しても怖くなく安心という心理的効果（相互サポート）があること、また、それにより自分の目線や基準が上がり（モデリング）、すぐやる人になることにもつながります。

入ってみて合わなければやめていい

コミュニティはインターネット検索やＳＮＳでいくらでも探すことができます。友人・知人の口コミを参考にしてもいいでしょう。

気になるコミュニティに体験のプログラムがあるのなら、まずは気軽に試してみてください。入ってみて、雰囲気が合わない、何となく好きになれないという感覚があれば、無理に続ける必要はありません。自分に合った場を探して、すぐやるきっかけをつくることが目的なので、「一度入ったら簡単にやめてはいけない」などと思う必要はありません。

すぐやる人たちに囲まれていると、だんだんとそちらに感化されていくことも期待できます。１人だと手詰まり感があって動けないのなら、すでに行動している人たちの中に飛び込んでみるのが一番です。

すぐやる

同じ目標に向かっている「仲間」を探そう。

41

自分に小さなごほうびを たくさんあげてもいい

「自分へのごほうび」を使いこなす!

小さな「ごほうび」で目標達成！

すぐやるために、やる気やモチベーションを無理に高めようとする必要はまったくない、とプロローグでお話ししました。

けれども、「ごほうび」があるとやる気が一時的に上がってすぐ動けるということは現実にあります。そのため、すぐやるためのテクニックとして、自分へのごほうびを何パターンか持っておくのもいいと私は考えています。

「ごほうびを目的に動くのはおかしい」と思う人もいるかもしれませんが、大事なのはすぐやること。自分の好きなものをうまく利用して、それで目標が達成されるのならトライする価値はあります。

ただし、ごほうびといってもブランド物を買うような大げさなものである必要はまったくありません。自分を日々鼓舞するためのものですから、小さくてもうれしくなるようなものがおすすめです。

私はよく、「ここまで原稿を書き切ったらキンキンに冷えたハイボールを飲む」「プロジェクトの段取りが終わったらハーゲンダッツのアイスクリームを食べる」「プレゼン資

Message　一生懸命働くほどより多くの幸運が手に入るということを、私は発見した。―トーマス・ジェファーソン（第3代アメリカ大統領）

料を完成させて推しのライブに行く」といったごほうびを用意して、すぐやるためのきっかけにしています。

■ごほうびにもルールが必要

ただし、何でもかんでも「自分にごほうび」と考えればよいわけではありません。ごほうびを設定するときの注意点が3つあります。

①ごほうびは具体的に設定する

「仕掛中の提案書を仕上げたら帰宅して日本酒を飲む」という設定では、抽象的で達成感を感じにくくなります。もっと具体的に、たとえば「獺祭《だっさい》の新品を開封して飲む」くらいの内容にすると、動きやすくなります。

②目標が低いのに大きなごほうびをあげない

目標の大きさや達成度に応じて、ごほうびの大きさも調整する必要があります。小さな目標に対して過剰なごほうびを設定すると、その後のモチベーションが下がってしまうこともあります。行動も目標達成もしていないのに、ごほうびばかりに目がくらみ、ごほうびの準備に時間をかけていては、本末転倒です。

③ごほうびのメニューを複数持っておく

同じタイプのごほうびを繰り返し設定していると、マンネリ化してモチベーションが落ちることがあります。新鮮さを保てるように、物質的なごほうび（新しいガジェットや衣服など）や経験的なごほうび（旅行や舞台鑑賞など）を組み合わせるなど、バリエーションがあると効果を維持しやすくなります。

試しに、自分へのごほうびを3パターン考えてみてください。まずは、サウナに行く、デパ地下でお惣菜を買う、マッサージを受けるといった、すぐに準備できるものから考えるのがおすすめです。

すぐやる

ときには「自分へのごほうび」も利用しよう。

42

どうしても気乗りしないときは「くじ引き」で決めたっていい

■直感で判断したことは意外と正しい

やるべきことが多すぎて何から手をつけるか絞りきれないときは、直感に頼るのも1つの方法です。3秒考えて最初に頭に浮かんだタスクから取りかかるのです。

ノーベル経済学賞を受賞した行動経済学者のダニエル・カーネマンは、著書『ファスト&スロー』（早川書房）で、人間の思考モードを「システム1（速い思考）」と「システム2（遅い思考）」の2つに分類しており、システム1で直感的な判断を行なうと説明しています。カーネマンによると、このシステム1による直感的な判断に基づく目先の予測はおおむね正しく、難題が降りかかったときの最初の反応は機敏かつ、だいたい適切だとか。直感で判断したことが大きく間違っていないのなら、困ったときは直感に頼るのも悪くない方法です。

■直感が働かないときは「くじ引き」でもいい

けれども、頭が疲れていて、直感でも何も思いつかない。頭がいっぱいすぎて何が直感かわからない――。そんなときには「くじ引き」のような方法で決めることをおすすめします。何もしないよりは前進したほうがいいので、自分以外のものに決めてもらって手を

Message　唯一の本当に価値あるものは直感だ。―アルベルト・アインシュタイン（物理学者）

つけるのです。「選ばれたものには自動的に手をつける」と決めておけば、雑念を減らして自動的に動き出すことができます。

この方法を使う場合、タスクは3個程度に絞ったほうがいいでしょう。10個も20個もタスクを書き出して、くじをつくっているのでは、当たり前ですが非効率です。

偶発性に任せるという意味でいうと、必ずしもくじ引きである必要はありません。コイントスをして裏表で手をつけるタスクを決めてもかまいませんし、あみだくじにしてもいいでしょう。最近だと、ランチの選択に迷ったときやパーティーの抽選会などにスマホのルーレットアプリを活用する人が増えているようです。誰でも簡単にオリジナルのルーレットをつくることができ、アプリによってはＢＧＭや効果音、表示演出なども設定できるので、活用してみるとよい刺激になるかもしれません。

やることが決まったら何も考えずに動く

ただし、選ばれたタスクに対して「最初に手をつけるのがこのタスクで本当にいいのか？」と考えすぎると、結局動けなくなります。

重要なのは、最初の一歩目を踏み出すこと。何もやらない時間が長くなるより、ランダムであっても何かしら決めて動き出すほうが、結果的にゴールに近づくことができます。選ばれたタスクに理屈は不要です。何も考えずに取りかかることをルールにしましょう。

くじ引きでやることを決めるのは、気乗りしない日や考えすぎてしまう日にも有効です。動き始めさえすれば、おのずと次の行動も決まってきます。

くじ引きで決めることは、適当な選択やいい加減なやり方ではありません。思考や決断の負担を減らして行動を促すための手段と考えてください。自分で決められないほど疲れているのなら、運任せの日がときどきあってもいい。とにかく動き出すことを優先しましょう。

すぐやる

やることを絞れないなら、直感やくじに頼ってみる。

43

重いタスクを抱えているときは道具にこだわってみる

道具1つですぐやれるなら、形から入るのもいい

すぐやれないときに見直す5W1H（173ページ参照）の「H」として、「道具にこだわる」のも1つの手です。

新しい道具を手に入れたときに、その道具をすぐ使いたくなる気持ちは、多くの人が経験したことがあるのではないでしょうか。車を買い換えたらすぐドライブに行きたくなりますし、新しいスニーカーを買ったら、いつもは億劫なランニングやウォーキングにすぐ出かけたくなります。リモートワークになってからパソコンやタブレットを買い換えたらテンションが上がって仕事が進んだ、という話も周りで聞くようになりました。

すぐ行動できない理由として、「気分が乗らない」というものがありますが、お気に入りの道具をうまく活用すれば、その道具を早く使いたいがために「すぐ行動できる」「集中できる」という自己暗示がかかり、自然と作業モードに入ることができるので、結果としてやるべきことにスムーズに手をつけることができます。

これは、先行する刺激（この場合はお気に入りの道具）が、無意識のうちに思考や行動に影響を与える心理効果で、「プライミング効果」と呼ばれています。

Message 同じことを続けることの代償は、変化の代償よりもはるかに高い。──ビル・クリントン（第42代アメリカ大統領）

使いやすいから仕事がはかどる。見た目が可愛いから使いたくなる——。理由は何でもかまいません。テンションが上がるお気に入りの道具を見つけて、すぐやる気持ちを後押ししてもらいましょう。

道具を変えるだけで行動に移すのがスムーズになるなら、形から入るのは悪いことではありません。

大切なのは値段ではなく気分が上がるかどうか

ただし、高価なものを選ぶ必要はまったくありません。自分がストレスなく、気持ちよく使えるかどうかが重要です。自分が使っていて気分がいいなら、値段は関係ありません。

ちなみに私は、87ページに登場した無印良品のブロックメモのほか、無印良品のフィルムタイプの付箋や4コマの枠つきの短冊メモを愛用しています。どれも数百円で買えるものですが、仕事への取りかかりをスムーズにしてくれる、私にとってはなくてはならないアイテムです。

会社支給の文房具を惰性で使っているのだとしたら、自分がより使いやすい、使っていて気分がいい文房具を探してみるだけでも、すぐやる人に一歩近づけるかもしれません。

たとえば、職場でも好きなブランドのボールペンやノートを使うことで、書類への記入やメモを取るのが楽しくなり、仕事がスムーズに進むかもしれません。上質なボールペンや万年筆を使うことで、それを見た相手はもちろん、自分自身も自分に対する印象が変化します。また、気分が高揚し、ポジティブな感情が生まれると、それが自信を引き出す手助けとなるため、頑張らなければならないときのお守りのような1本を持っておくのも、1つの方法です。

会社では決められたタスク管理ツールを使う必要があるかもしれませんが、個人のタスク管理のアプリを、スタイリッシュなデザインのものにするのもよいでしょう。ＴｏＤｏリストをつくるのが面白くなり、先延ばしを防ぐ効果が期待できます。

デスクトップパソコンに付属するキーボードを、キーボード専門のブランドのものに替えるという方法もあります。手や指が疲れにくいキーボードもありますので、自分にぴったりのものが見つかれば、入力するのが楽しくなるはずです。

プライベートでも、お気に入りの道具を揃えれば、億劫なこともやりたいことに変えることができます。デザインと機能性に優れたドイツ製の掃除道具に変えれば、億劫な掃除が魅力的な作業になりそうです。

お気に入りの包丁や鍋、器を揃えることで、面倒な食事の準備も積極的にやりたいことに変えることができます。

お気に入りの道具で、「やらなきゃいけないけれど気分が乗らないこと」が「やりたいこと」に変わるかもしれません。これまで道具にあまりこだわりがなかったのならば、一度試してみる価値ありです。

すぐやる

気分が上がるお気に入りの道具を持つ。

エピローグ

すぐやる思考法で誰でも今日から変われる

人は誰でもいつからでも変われる

ここまで、すぐやる人がやる気だけに頼らず、どのような頭の使い方をしているのか、普段でも使えるちょっとしたコツをご紹介してきました。

「でも、何だかんだいって、鈴木さんはモチベーションが高くて大勢の前で講演をしているではないですか？　大きなプロジェクトもコンペで勝ち取っているではないですか？　本当にやる気やモチベーションに頼らなくて大丈夫なんて言いきれるのでしょうか？」

半信半疑でこういわれることがよくあります。

ですが、実際の私は朝起きたときから「今日はなんだか気が乗らないな。今日じゃなくても明日でもいいか」などと自分の弱気がどんどんモチベーションを下げてしまうなんてことは日常茶飯事です。

実際、このエピローグの執筆中も「うまく言語化できない！」と頭の中はモヤモヤして、筆が止まっていました。そこで、第4章でお話ししたように、環境を変えるべく、執筆場所を変え、大きな背伸びも3回してようやく筆が乗ってきたくらいです。

じつは、その際、不思議なことに遭遇しました。

新たな執筆場所であるお気に入りのカフェに向かう途中、学生時代の友人・清水君（仮名）に街でバッタリと会ったのです。せっかくだからと一緒にカフェに入り、少しだけ近況を報告し合っていると、なんと本書に似たエピソードがたくさん出てくるではありませんか。

清水君（仮名）は同級生ですが、いまや某上場企業で役員をつとめる出世頭。卒業以来、長らく会っていなかったのですが、ここまで苦労してきたようでした。受験に失敗し、一浪して入った大学卒業後も就職浪人。せっかく就職できた会社も派閥争いとパワハラに巻き込まれて、失意のまま無職になる始末。

その後、求人サイトで見つけて入社した会社では、業界経験がないため、営業なのに会話についていけず、悪戦苦闘の日々をすごしていたそうです。

■目の前のことをすぐやることは誰にでもできる

ところが、これまでのコンプレックスを払拭するかのように恥も外聞も捨てた清水君は、「何の知識もないし将来には不安しかないけど、すぐやる行動くらいは、頑張ればチャンスがあるのでは？」と考え、どんな些細なこともすぐに動き、会社で一番行動も反応も速い人間だと業界でも評判になるまでになったそうです。そこからはとんとん拍子で出世していったといいます。

「それにしても、知識も自信もなかった清水が、どうしてすぐやる人になれたの？」と聞くと、清水君は次のような話を聞かせてくれました。

・**気持ちくらいは強く持とうと思って成功者とされる方の講演会の動画を毎日出勤前に観るとか本を読み漁ったけれど、一時的にモチベーションは上がっても、すぐに下がって結局前進しないことが多くて……。そんなことより、とりあえず、すぐできることから手をつけようと思って、テンションが上がらない日も、電話でアポを取りたいときには、まず「受話器を手に取る」ことを1日のはじめの目標にしてみたり、お客様から見積もり依頼をもらったら、すぐに見積書の書式を開いてみたり、気合いを入れなくてもできる小さなこ**

とを積み重ねただけだよ。

- あとは、すぐ動けるようになっても、結構、邪魔が入ってね。進まない日もあるわけ。同僚に嫉妬されて陰口をいわれたり、競合企業に悪評を流されたりしたこともあったよ。上司に仕事を無茶ぶりされたこともあったし。そのイライラを本人にぶつけるわけにいかないから、手帳に相手の悪口をこっそりと書き出して、頭をスッキリさせてから、今やるべきことに意識を集中させていたよ。
- それでも、すぐ仕事に手がつかないときは、思い切って環境を変えていたかなぁ。気分転換に、社長になった自分を妄想して高級な万年筆を買ってみたり、ホテルのラウンジに行ってイケてるビジネスマン風に高いコーヒーを飲んでリフレッシュしたり。特別なことはやっていないと思うけど、環境を変えれば意識を切り替えられるからね。

話を聞き終えて驚きました。まさに本書に書いてあるいくつかのエッセンスを清水君は知らず知らずのうちに実践して、すぐやる人を体現していたのです。

「今、ちょうど清水が話したことと同じような内容の本を執筆中だけど、本が発売されても読まなくてよさそうだな」

「でも、言語化されることで頭が整理されるから、部下のためにも買うよ！　今日はいい答え合わせができたし。またな！」

こうして清水君との再会は、本書の内容を偶然にも実践していた人との答え合わせになり、なかなか進まなかった最後の執筆に、すぐ手をつけることにつながったのです。

じつはここだけの話、本書は20年以上前の先延ばしグセが治らず何をやってもうまくいかなかった自分に向けて書いてきました。ですが、清水君のエピソードにもあったように**「すぐやる思考法」を身につけることで、誰でもいつからでも自分のなりたい姿に変われる**んだ。そう確信をもって執筆を終えられそうです。本書があなたの第一歩目の背中を押す本になることを願っております。

鈴木進介（すずき　しんすけ）
思考の整理家®。1974年生まれ。株式会社コンパス代表取締役。現在は「思考の整理術」を使った独自の手法で人材育成トレーナーおよびコンサルタントとして活動中。大学卒業後、IT系企業や商社を経て25歳で起業。「金なし・人脈なし・ノウハウなし」の３重苦からスタートしたため、３年以上まともに給料が取れずに挫折続きの生活を送る。その後、思考を整理すれば問題の９割が解決していることに気づき、「思考の整理術」に開眼。以来、10年以上にわたり研究を重ねて体系化。難しい問題を優しく解きほぐす「思考の整理術」や「すぐやる思考法」は、フリーランスや起業家、上場企業まで幅広く支持され、研修や講演は年間150日以上登壇、セミナー受講者数は累計３万人を超す。著書も『頭の“よはく”のつくり方』（日本実業出版社）など本書を含め16冊ある。

鈴木進介 公式サイト：suzukishinsuke.com

すぐやる人《ひと》の頭《あたま》の使《つか》い方《かた》

2025年５月１日　初版発行
2025年６月20日　第２刷発行

著　者　鈴木進介
発行者　杉本淳一

発行所　株式会社日本実業出版社　東京都新宿区市谷本村町３−29 〒162−0845
編集部　☎03−3268−5651
営業部　☎03−3268−5161　振　替　00170−1−25349
https://www.njg.co.jp/

印刷・製本／新日本印刷

ISBN 978−4−534−06183−6　Printed in JAPAN